8° Lb 57 3752

Paris
1872

Laboulaye, Édouard-René Lefebvre de

Lettres politiques, esquisse d'une constitution républicaine, suivie d'un projet de constitution

LETTRES POLITIQUES

ESQUISSE

D'UNE

CONSTITUTION RÉPUBLICAINE

SUIVIE D'UN

PROJET DE CONSTITUTION

PARIS. — TYPOGRAPHIE LAHURE
Rue de Fleurus, 9

LETTRES POLITIQUES

ESQUISSE

D'UNE

CONSTITUTION RÉPUBLICAINE

SUIVIE D'UN

PROJET DE CONSTITUTION

PAR

ÉDOUARD LABOULAYE

DÉPUTÉ DE LA SEINE

PARIS

CHARPENTIER ET Cie, LIBRAIRES-ÉDITEURS

28, QUAI DU LOUVRE, 28

1872

A

M. JULES BAPST

DIRECTEUR DU *JOURNAL DES DÉBATS*

Mon cher Directeur,

L'Assemblée est en vacances, les conseils généraux se reposent; nos hommes d'État sont à la chasse ou aux eaux; le pays se recueille, et, tout heureux de reprendre haleine, ne demande que le silence et la paix. Seuls les partis, ces enfants terribles que rien ne lasse, voudraient agiter l'opinion;

    Mais tout dort, et l'armée, et les vents, et Neptune;

leurs cris se perdent dans le vide; l'écho lui-même est endormi.

Ce calme, qui chez nous n'est jamais de longue durée, et qui trop souvent annonce l'orage, ne serait-il pas bon d'en profiter pour examiner froidement la situation présente et pour songer à l'avenir? Ne sommes-nous pas dans un de ces moments de sagesse et de modération où il faut prendre l'occasion aux cheveux si l'on veut éviter

1

au pays de nouvelles et plus cruelles aventures? Je le
crois. Il me semble qu'aujourd'hui le premier devoir
d'un citoyen, et surtout d'un représentant, c'est de constater les besoins de la France et l'état des esprits, c'est
de chercher le meilleur moyen de transformer en gouvernement régulier un provisoire qu'on ne peut prolonger
longtemps, c'est d'appeler l'attention sur les problèmes
que soulève l'organisation de la république conservatrice,
problèmes plus nombreux et plus compliqués qu'on ne
le suppose communément. Depuis quatre-vingts ans, les
illusions nous ont perdus; il est temps de renoncer aux
chimères et de chercher sérieusement la vérité, si nous
ne voulons pas recommencer la longue série de nos dé-
ceptions et de nos misères.

Ce sont ces questions urgentes que je voudrais étudier;
c'est pour leur assurer la publicité qu'elles méritent, que
je vous prie, mon cher Directeur, de me prêter quelques
pages du *Journal des Débats*. Mais la première condition
d'études aussi délicates, c'est que leur auteur ait une
entière liberté, et qu'il puisse tout dire sans compro-
mettre personne. Il est donc entendu qu'en exposant mes
idées, bonnes ou mauvaises, je n'engage ni mes amis
politiques du centre gauche qui ne m'ont pas chargé de
parler en leur nom, ni le journal qui me donne l'hospi-
talité. C'est à mes risques et périls que j'entends juger
ce qui existe et proposer ce que je crois utile. A moi
seul la responsabilité.

Après vingt ans d'études, après avoir vu dix gouvernements et traversé quatre révolutions, peut-être me serait-il permis d'avoir des idées particulières; mais rien n'est plus loin de ma pensée que d'offrir au public un nouveau système politique. C'est l'expérience des peuples libres que je voudrais mettre au service de mes concitoyens pour les aider à fonder un gouvernement durable, et à en finir avec l'esprit de révolution. Monarchistes ou républicains, tous les partis en France vivent du passé, c'est-à-dire de souvenirs, de regrets, de rancunes, de préjugés; ce n'est pas ainsi qu'on établira les institutions dont le pays a besoin. Respecter le passé est une vertu filiale, mais il faut laisser les morts dans leur tombe; organiser les forces vives de la nation, c'est la grande question de l'heure présente; ce n'est pas l'histoire qui peut la résoudre, mais l'observation, la prudence et le bon sens.

« Qu'on le veuille ou qu'on ne le veuille pas, c'est par la démocratie que le monde sera sauvé [1]. » Qui a dit cette parole suspecte? un chrétien, un prêtre, un martyr. Tout le monde peut-être n'aura pas la foi politique du révérend P. Captier, mais chacun doit sentir qu'aujourd'hui nous n'avons plus le choix. Il nous faut vivre ou mourir par la démocratie. Je voudrais montrer que l'organisation d'un gouvernement démocratique est une question résolue en Amérique et ailleurs; je voudrais prouver aux plus défiants que, dans l'état des sociétés modernes, un

1. Le P. Captier, *Discours et conférences sur l'éducation*, p. 345.

gouvernement populaire vaut mieux que la monarchie
pour maintenir l'ordre au dedans et la paix au dehors.
Vraies ou fausses, de pareilles assertions méritent d'être
examinées, car la fortune de la France est engagée dans
le problème ; c'en est assez pour compter sur l'indulgente
attention à laquelle les lecteurs du *Journal des Débats*
m'ont depuis longtemps habitué.

Glatigny-Versailles, le 15 septembre 1872.

LETTRES POLITIQUES

ESQUISSE

D'UNE

CONSTITUTION RÉPUBLICAINE

PREMIÈRE LETTRE

LA SITUATION

I

Il y a deux ans qu'engagés témérairement dans une guerre inégale, nous avons vu sombrer en quelques jours la puissance et la fortune du pays. Épuisée du plus pur de son sang, démembrée de deux de ses provinces, les plus braves et les plus fidèles, pillée, incendiée, rançonnée jusqu'à la ruine par un ennemi qui préparait de longue main le succès de sa rancune et de sa convoitise, la France éperdue a cherché autour d'elle une main qui l'aidât à sortir du naufrage. Un cri unanime a appelé M. Thiers au secours de la patrie. Sa longue expérience, sa renommée, ses écrits, l'opposition qu'il avait faite à la guerre, le voyage qu'il avait entrepris dans les conditions les plus pénibles pour tâcher d'obtenir une paix moins onéreuse en éclairant les princes sur leurs véritables intérêts, tout, jusqu'à son patriotisme exclusif et jaloux, le désignait à l'opinion comme l'homme le plus capable de faire face aux nécessités du moment. A peine réunie, l'Assemblée a confirmé le choix de la nation. Nommé à Bordeaux chef du pouvoir exécutif, M. Thiers est devenu à Versailles président de la République française. Personne ne lui a disputé le mandat que seul peut-être il pouvait remplir.

La situation paraissait désespérée. Sous les yeux de l'Allemand qui insultait à nos misères, des Français, indignes de ce nom, livraient Paris à la guerre civile, au meurtre et à l'incendie. Les forfaits de la Commune achevaient de nous perdre en nous déshonorant. On sait comment, en moins d'une année, M. Thiers, après avoir fait la paix avec l'ennemi, a vaincu l'insurrection et rétabli l'administration, l'armée, les finances. Grâce à lui, les passions se sont calmées, l'espérance est rentrée dans les cœurs. Deux emprunts énormes, heureusement conclus, nous permettent d'entrevoir le jour où la France, sortie des mains de l'étranger, redeviendra maîtresse de ses destinées.

Ce sont là de grands services, les plus grands peut-être qu'un citoyen puisse rendre à son pays. L'Assemblée, disons-le à sa louange, s'y est associée avec un patriotisme qui ne s'est jamais démenti. Certains partis, certains hommes ont pu mettre à leur concours plus ou moins de bonne grâce; mais, en somme, l'Assemblée n'a rien refusé au Président de la République; elle ne lui a marchandé ni l'or ni le sang de la France. On peut même trouver qu'en certaines questions purement économiques, les députés ont poussé la déférence jusqu'à l'excès. Quoi qu'il en soit, rendons justice aux représentants de la nation. En face de l'ennemi campé dans nos provinces, ils ont senti que le premier et le plus impérieux des devoirs était de soutenir le gouvernement. Les plus ardents, les plus défiants ont fait taire leur ambition, leur vanité, leur jalousie ; chacun s'est effacé. C'est ainsi que, par la force des choses, M. Thiers, simple délégué d'une Assemblée, simple chef du pouvoir exécutif, s'est trouvé plus puissant et plus absolu qu'un roi. En droit, le Président n'est guère plus qu'un premier ministre ; en fait, il est dictateur ; mais dictateur accepté par l'opinion, gouvernant avec elle, en plein jour, et recevant de la France entière des marques d'affection qui se multiplient d'heure en heure. Aujourd'hui, grâce à son abnégation même, l'Assemblée est dans l'ombre ; la France ne connaît, ne voit et n'aime que M. Thiers.

Cette situation rappelle celle d'Athènes au temps de Périclès. Écoutons Thucydide : « Grâce à l'élévation de son caractère, à la profondeur de ses vues, à son désintéressement sans bornes, Périclès exerçait sur Athènes un ascendant incontestable. Il restait libre tout en dirigeant la multitude. Ne devant son crédit qu'à des moyens honnêtes, il n'avait pas besoin de flatter les passions populaires ; sa considération personnelle lui permettait de les braver avec autorité. Voyait-il les Athéniens se livrer à une audace intempestive, il les terrifiait par sa parole ; étaient-ils abattus sans motif, il avait l'art de les ranimer. *En un mot, la démocratie subsistait de nom, mais, en réalité, c'était le gouvernement du premier citoyen* [1]. »

1. Thucydide (traduit par M. Betant), II, 65.

Rien de plus glorieux sans doute qu'un pareil rôle pour celui qui le remplit. Mais ce gouvernement, tout personnel, offre-t-il au pays une garantie suffisante? Il est permis d'en douter. Une maladie, la fatigue, l'impatience peuvent amener brusquement la retraite du Président de la République. On n'a pas oublié la démission donnée le 19 janvier 1872. En un clin d'œil, la France peut se trouver sans chef et sans guide, abandonnée au hasard des événements, ou plutôt livrée une fois de plus à quelqu'un de ces coups de main trop communs dans notre histoire, et jetée en proie au plus audacieux. Un état aussi précaire ne saurait convenir à une société de trente-six millions d'hommes qui vit de son travail. Le pays a besoin de compter sur un lendemain. Que M. Thiers reste chef de la République, qu'il achève l'œuvre patriotique qu'il a commencée, rien de mieux; mais ne serait-il pas nécessaire que la loi réglât une autorité mal définie, et qu'elle fît de la vacance et même de la transmission du pouvoir un fait régulier et prévu? Si merveilleuse que soit l'activité de M. Thiers, cette seconde jeunesse n'est pas éternelle. Quels que soient les titres du Président à la confiance publique, personne ne peut demander qu'on place en viager la fortune de la France sur une tête de soixante-quinze ans.

Je crois donc que par la force des choses le moment est venu de s'occuper d'une Constitution. On commence à sentir la nécessité de sortir du provisoire; il est à désirer que l'Assemblée, à son retour, cède au mouvement de l'opinion et ne résiste point au vœu du pays.

A mon avis, personne plus que M. Thiers ne doit désirer l'établissement d'un gouvernement régulier. Il connaît trop bien l'histoire; il a trop l'expérience de la vie publique pour ne pas savoir que la reconnaissance des peuples est chose fugitive; elle ne survit guère au service rendu. A mesure qu'on s'éloignera de la crise que nous traversons, on oubliera que la guerre et la Commune sont l'unique cause des souffrances publiques ; on se plaindra du poids des impôts, de la lourdeur des charges militaires, de la cherté de la vie, de la difficulté des affaires. Peu à peu, par le progrès du temps, par la nature même de notre esprit frondeur, l'opposition grossira; il n'y aura plus cette adhésion générale, cette faveur de l'opinion qui masque la faiblesse constitutionnelle du pouvoir. En ce moment, il ne faut pas s'y tromper, notre seule force politique, nos seules institutions, si l'on peut se servir de ce mot, c'est la popularité de M. Thiers. Que cette popularité s'évanouisse, nous retombons en pleine anarchie; bien hardi qui peut dire où s'arrêtera une nation affolée!

Alors même qu'on ne craindrait pas ce danger visible, il faut reconnattre que plus la France retrouvera de sécurité, grâce au chef qu'elle a choisi, et plus elle aura raison de demander que cette sécurité ne soit pas menacée par des accidents qu'il est aisé de prévoir et de prévenir. D'un autre côté, il est probable que le rétablissement de l'ordre, le réveil de la prospérité publique rendront de jour en jour moins nécessaires l'action personnelle du Président et son intervention dans les débats de l'Assemblée. La France voudra rentrer dans la condition des peuples libres; l'Assemblée, poussée par le sentiment public, sera moins facile à conduire qu'elle ne l'est aujourd'hui. Si l'on ne veut pas se trouver quelque jour en face d'une situation tendue et peut-être d'une crise, il est bon de régler par une Constitution les droits et les devoirs du Président et de l'Assemblée. Une Constitution n'est pas une panacée universelle; elle n'a qu'un objet, c'est d'empêcher la confusion et l'anarchie des pouvoirs publics; mais en ce point, c'est un instrument d'ordre et de stabilité que rien ne remplace. En deux mots, c'est la loi du gouvernement, et, à ce titre, c'est la première et la plus nécessaire de toutes les lois.

II

Aujourd'hui, tous les États civilisés, monarchies ou républiques, ont des Constitutions écrites. Malgré son attachement à la coutume, l'Angleterre ne fait pas exception. Elle montre avec orgueil sa Grande Charte, trente-deux fois confirmée par les Plantagenets et les Tudors; elle n'est pas moins fière de la *Pétition des droits*, de la *Déclaration des droits*, de l'acte d'*Habeas corpus*, reliques sacrées du dix-septième siècle, vénérables témoins des vieilles franchises britanniques. Demandez à un citoyen des États-Unis à quoi il attribue le prodigieux développement de sa patrie. Il vous dira, sans hésiter, que c'est la Constitution fédérale qui en 1787 a fondé l'union, et qui aujourd'hui la conserve. L'œuvre de Washington et de ses amis est pour le peuple des États-Unis ce qu'était le livre de la loi pour les Juifs. On l'entoure d'un respect religieux. Il n'est pas un seul des trente-sept États de la grande république qui, en constituant son gouvernement particulier, ait osé s'écarter de la charte fédérale. Et cependant, s'il est un pays qui se soucie peu du passé, et qui ait rompu avec les superstitions politiques, assurément c'est l'Amérique.

En France, nous avons eu longtemps le culte des Con-

stitutions; nos pères leur attribuaient une vertu magique.
Dans leur foi naïve, ils croyaient qu'avec un décret écrit
sur parchemin, on pouvait transformer en citoyens les
sujets d'une vieille monarchie et leur donner tout d'un
coup les vertus républicaines et l'amour de la liberté.
Nos pères se trompaient par excès de confiance; aujour-
d'hui, suivant la coutume française, nous versons dans
l'excès contraire. Parce qu'une Constitution ne peut pas
tout faire, nous décidons qu'elle n'est bonne à rien.
Plus d'institutions! les mœurs suffisent, même quand on
n'en a pas (je parle des mœurs politiques). Opposer l'un
à l'autre des pouvoirs indéfinis et illimités, les laisser se
heurter à leur guise, c'est la suprême sagesse! La forme
de gouvernement la plus parfaite, c'est l'anarchie!

Parlons sérieusement; le temps n'est pas aux vaines
expériences. Ce scepticisme de nouvelle espèce nous per-
dra si nous n'y prenons garde. L'histoire est là pour nous
enseigner qu'une Assemblée unique, et qui faussement se
croit souveraine, est le plus dangereux et le plus perfide
des pouvoirs politiques. Incapable de gouverner, comme
toute réunion nombreuse, elle ne peut que dominer ou servir. En 1790, en 1793, en 1848 on a eu le règne d'une Assemblée; trois fois la liberté a succombé dans cette épreuve. Plus sage que ses devancières, justement effrayée de sa
toute-puissance et de sa responsabilité, l'Assemblée de
1872 s'est résignée à obéir. Elle a sacrifié jusqu'au droit
qu'exerçaient les États Généraux du quinzième siècle, le
droit de choisir et de répartir l'impôt, sans l'intervention
du pouvoir exécutif. Cette abnégation est louable, mais
elle peut avoir un terme; ce n'est pas une abdication.

Le jour où l'Assemblée aura une volonté, cette volonté
fût-elle un danger pour l'État, que fera le pouvoir exécu-

tif? Et si l'Assemblée actuelle n'effraye personne, qui peut répondre de celle qui suivra? Sans être prophète, on peut assurer que dans la première ferveur du choix populaire, une Assemblée nouvelle ne se contentera point d'obéir. Elle essayera ses forces au risque de briser le gouvernement. Grand péril dans un avenir prochain, si nous ne revenons pas à la tradition libérale, si nous n'enfermons pas, dans leurs frontières légitimes, des pouvoirs qui ne sont bienfaisants qu'autant qu'ils sont limités!

Si le provisoire nous laisse sous le coup d'une explosion toujours menaçante; si les esprits les plus sages et les mieux instruits sont unanimes à reconnaître qu'une Constitution, sans être un préservatif infaillible contre les révolutions, peut cependant nous aider à fonder un gouvernement solide, pourquoi le Président, l'Assemblée, le pays ne se hâtent-ils pas d'en finir avec l'incertitude et le danger de la situation? Pourquoi ne fait-on pas une Constitution?

Pourquoi? C'est qu'une Constitution suppose un gouvernement déterminé: république ou monarchie. Une Constitution ne ressemble pas à ces statues d'empereurs romains dont on se contentait de changer la tête à l'avénement d'un nouveau prince. On répète souvent cette phrase de Benjamin Constant qu'entre une monarchie parlementaire et une république modérée, la différence est dans la forme plus que dans le fond. Cela est vrai, mais cette forme c'est la Constitution même. En Belgique, le gouvernement n'est pas moins libéral qu'aux États-Unis; mais en chacun des deux pays on garantit la liberté par des moyens particuliers. Pour ne citer qu'un exemple, n'est-il pas visible que le pouvoir d'un Président responsable ne peut pas être constitué comme celui d'un roi qui est couvert par la responsabilité de ses ministres? Avant donc de rédiger une Constitution, il faut choisir un gouvernement.

C'est ce que les partis ne veulent pas. Le malheur du pays, la malédiction qui pèse sur nous, c'est qu'en moins d'un siècle nous avons eu dix révolutions. Depuis vingt-cinq ans seulement nous avons passé de la monarchie à la république, et de la république à l'empire, pour retomber en république. Ces brusques changements ont rempli la France de gens ruinés, inquiets, mécontents, qui n'attendent que d'un bouleversement nouveau le triomphe de leurs idées, le retour de leur fortune. Voilà le mal qui nous ronge et qui nous perd. Tandis qu'en Angleterre et en Amérique les partis ne sont que des groupes de citoyens amis des lois qui se disputent l'influence et le pouvoir dans les limites de la Constitution; chez nous, les partis sont des factions. Ce qu'ils poursuivent, c'est la destruction de ce qui existe, afin d'installer le gouvernement de leur choix sur les ruines du gouvernement déchu. Si la liberté ne peut vivre en France, c'est qu'elle a toujours à lutter contre la conjuration des partis vaincus.

Cette maladie révolutionnaire a été aggravée par ce qu'on appelle le pacte de Bordeaux, convention étrange en vertu de laquelle des mandataires chargés de réorganiser le pays se seraient engagés mutuellement à ne rien faire, à perpétuer l'incertitude et l'insécurité. Ce pacte, les partis y tiennent, car il leur réserve à tous l'avenir. La loterie des révolutions est ouverte, il suffit d'une chance favorable, d'un hasard habilement exploité pour que du jour au lendemain le vainqueur puisse imposer à la

France un gouvernement auquel, suivant son habitude, la France se résignera par indolence autant que par amour de la paix. Les légitimistes attendent un miracle, les orléanistes un retour de l'opinion, les bonapartistes demandent l'appel au peuple, les révolutionnaires poussent à la dissolution de l'Assemblée et à de nouvelles élections. Comme aucun de ces partis n'est assez fort pour réduire les autres, tous acceptent une trêve nécessaire, tous supportent M. Thiers et essayent de le gagner à leur cause; tous s'empressent

A qui dévorera ce règne d'un moment ;

mais aucun ne veut d'une Constitution ni d'un gouvernement, car ce serait la ruine de ses espérances. Tel se croit à la veille de s'emparer de la France, qui demain ne serait plus qu'un séditieux et tomberait sous le coup des lois.

Jouerons-nous le jeu des partis? aurons-nous pitié de la France? La livrerons-nous à l'anarchie et au hasard? La relèverons-nous en lui donnant, au moyen d'une Constitution, le gouvernement qu'elle désire? C'est là toute la question.

DEUXIÈME LETTRE

On dira que la France n'a pas de volonté, ou plutôt chacun, suivant sa couleur, affirmera que le pays veut la légitimité, la monarchie de 1830, l'empire, la république démocratique et sociale. Je réponds que la France veut le maintien de ce qui existe, c'est-à-dire la république conservatrice avec M. Thiers pour président. La preuve de cette assertion, je la tire de l'impuissance même des partis.

Depuis deux ans nous vivons dans un état provisoire; nous n'avons que des gouvernements d'occasion. La France sera-t-elle république ou monarchie, et quelle république ou quelle monarchie, personne ne le sait; mais, en attendant la décision du pays, toutes les opinions s'agitent; chaque parti déclare que la France est perdue si elle n'accepte le régime et le prétendant qu'on lui offre. A quoi toutes ces clameurs ont-elles abouti? Quel succès ont eu les projets de fusion, les manifestes secrets, les pèlerinages, les banquets? A toutes les prières comme à toutes les menaces, le pays est resté sourd. Les partis se sont usés, amoindris, désagrégés. L'indifférence publique les a tués.

En est-il ainsi? Voyons les choses telles qu'elles sont. Étranger à tous les gouvernements qui se sont succédé en France depuis quarante ans, n'ayant jamais servi que la liberté, il m'est aisé d'être impartial. Je n'ai jamais été parmi les vainqueurs et j'ai toujours respecté les vaincus.

La guerre de 1870 a ramené sur la scène un parti depuis longtemps éclipsé, je veux parler des légitimistes. Sur tous les champs de bataille la noblesse s'est battue avec un courage héroïque; elle s'est montrée digne de ses ancêtres, elle a soutenu le vieil honneur français. Dans ces braves gentilshommes la patrie a reconnu les aînés de ses enfants, et elle n'a pas été ingrate; les élections de 1871 ont été des plus favorables aux légitimistes; ils sont proportionnellement plus nombreux dans l'Assemblée que dans la nation. L'occasion était belle pour ranimer la foi monarchique. Ajoutez que l'héritier de tant de rois, le petit-fils de Henri IV et de saint Louis est un prince qui a noblement supporté l'exil, qui n'a jamais troublé le pays par ses prétentions, et qui n'attend que de la France seule la reconnaissance et le triomphe de ses droits. Certes, si la religion du passé vivait dans nos cœurs, la cause de l'antique royauté serait depuis longtemps gagnée. Qu'est-il arrivé cependant? Le comte de Chambord est venu en France; il n'y a trouvé que la solitude. Le peuple, dans un silence respectueux, a laissé passer tristement un prince qui n'était pour lui qu'un étranger et un inconnu. A mon avis, le comte de Chambord ne s'est pas mépris sur la froideur de cet accueil. Quand il a déclaré que son drapeau était le drapeau blanc; quand il a répété qu'il ne serait pas le roi de la révolution, il a senti que, représentant d'idées oubliées et d'un passé qui ne fut pas sans gloire, l'honneur lui commandait de garder religieusement le symbole de sa race et de sacrifier sa fortune à sa foi politique. Ses lettres si fermes et si dignes sont une abdication. Le dernier des Bourbons de la branche aînée ne renonce pas à son titre héréditaire, mais il ne peut pas et ne veut pas être le roi d'un peuple qui maudit l'ancienne monarchie, qui ne croit pas à la légitimité et qui repousse de toutes ses forces l'alliance du trône et de l'autel. Pour lui, mieux vaut vieillir et mourir respecté dans l'exil que de plier le genou devant les idées nouvelles et de pactiser avec la démocratie.

Le parti légitimiste est moins résigné que le roi. Comme il s'est fait de la monarchie une religion et de la légitimité un dogme, il est persuadé qu'en dehors de la vieille royauté il n'y a point de salut pour le pays. Il n'est pas moins convaincu qu'avec le retour de Henri V, tous les maux de la France seraient guéris, comme si le roi lui-même les eût touchés de sa main sacrée. Dans cette fidélité à outrance, il y a quelque chose d'infiniment respectable ; mais il est trop aisé de voir que cette doctrine de la légitimité et du droit divin, qui a perdu les Stuarts et les Bourbons, n'est pas plus vraie en religion qu'en politique. La maxime de saint Paul, *omnis potestas a Deo*, sur laquelle on appuie la légitimité, en est la négation ; c'est en vertu de cette maxime (écrite sous le règne de Néron, il ne faut pas l'oublier) que l'Église reconnaît toutes les puissances établies, quelle qu'en soit l'origine. Oui, l'autorité vient de Dieu, c'est la foi des chrétiens, c'est pourquoi ils sont et doivent être les citoyens les plus soumis ; mais en résulte-t-il que le dépositaire de l'autorité soit plus qu'un homme, qu'il règne en vertu d'un droit supérieur, comme le berger sur son troupeau, et qu'il ne tienne pas sa puissance du peuple qui l'a nommé, lui ou ses ancêtres? Tous les grands théologiens ont enseigné le contraire, depuis saint Thomas, disciple d'Aristote, jusqu'à Suarez. La légitimité n'est donc rien moins qu'un article de foi; il est permis en toute sûreté de conscience d'être républicain sans cesser d'être chrétien[1].

Il n'y a jamais d'erreur innocente, car tôt ou tard l'idée enfante l'action, et d'un principe faux il ne peut sortir que du mal. On croit qu'avec le droit monarchique on viendra à bout de la souveraineté du peuple et du suffrage universel; on suppose qu'avec l'influence du clergé et des classes bien pensantes on remettra l'ordre et la règle dans les esprits. On se flatte de ramener doucement la France vers un âge d'or qui n'a jamais existé. Ce sont là des chimères qui deviendraient bientôt de terribles réalités. Le retour du comte de Chambord serait une restauration, c'est-à-dire une révolution à reculons, avec tous les maux, toutes les folies, toutes les hypocrisies qui accompagnent les réactions. Ce serait le règne violent d'une minorité, la lutte insensée du passé contre le présent. Où serait le point d'appui de cette digue jetée en travers du courant de la civilisation? Est-ce dans les campagnes, qu'on soulève en leur rappelant la dîme et les corvées? Est-ce dans les villes, imbues des idées modernes? Non, cette royauté paternelle n'aurait d'autre force que le dévouement de quelques grandes familles, le zèle compromettant des évêques et l'obéissance passive de l'armée.

1. « Le droit divin, transféré de l'Église dans l'État, est une « fausseté historique. L'obéissance aux pouvoirs établis, quels qu'ils « soient, est la seule doctrine politique que la religion enseigne. » Royer-Collard, *Discours sur l'hérédité de la pairie.* Tome II, p. 461 de sa *Vie politique.*

Le comte de Chambord m'inspire trop de respect pour que je lui souhaite la couronne à de pareilles conditions. Il y a quelque chose de plus triste que d'être le roi de la révolution, c'est d'être le roi de la contre-révolution.

La royauté parlementaire est tombée il y a vingt-cinq ans, entraînant les princes d'Orléans dans sa ruine. Peut-elle se relever avec eux? Il est permis d'en douter, quelle que soit la juste considération qui entoure une brave et glorieuse famille. Donner à la bourgeoisie française le rôle politique de l'aristocratie anglaise, c'était en 1830 une réforme qui paraissait toute naturelle; la nation l'acceptait avec joie. On sait comment cet essai a réussi. Serait-il possible aujourd'hui de concilier ce régime avec le suffrage universel? J'en doute; je ne vois point comment pourrait résister un roi, sans cesse battu par le flot montant de la démocratie. Que serait-il autre chose qu'un Président, avec moins de force et d'autorité, parce qu'il ne se retremperait pas comme lui dans le courant populaire? La monarchie parlementaire ne serait qu'une trêve entre deux révolutions.

D'ailleurs, s'il faut dire toute la vérité, la présence des princes est loin de faciliter l'établissement d'une royauté parlementaire. Ils ont un rôle équivoque dont ils ne sont pas responsables, mais qui, néanmoins, pèse lourdement sur eux. Princes de la maison royale, héritiers légitimes de la couronne, on demande pourquoi ils se séparent de leur chef naturel, le comte de Chambord. S'ils répondent qu'à l'exemple de leur père, c'est de la nation seule qu'ils veulent tenir leur pouvoir, il est trop visible qu'en montant sur le trône par le choix populaire, ils ajouteraient encore aux difficultés de la situation. Aimés de la bourgeoisie, repoussés par les ouvriers, inconnus dans les campagnes, les d'Orléans auraient contre eux les légitimistes, le clergé, les républicains. Dès le premier jour, ils seraient sur la défensive, obligés de tout subordonner au maintien d'une autorité chancelante. Pas plus que la monarchie légitime, ils ne donneraient à la France la sécurité extérieure dont elle a si grand besoin. Le jeu de l'Opposition serait de les pousser à la guerre, et, s'ils avaient la sagesse de résister à ces instances perfides, ils seraient insultés comme le roi Louis-Philippe et tomberaient comme lui.

Il est inutile d'insister. Après tout ce qui s'est passé depuis un an, les princes ne peuvent se faire d'illusion ni sur les sentiments qu'ils inspirent au parti légitimiste, ni sur les chances qui leur restent. Ils ont toujours déclaré qu'ils étaient aux ordres du pays. Que peuvent-ils faire de mieux aujourd'hui que d'accepter la république? Être les premiers citoyens d'un peuple libre, et rester à la disposition de la France si la France a besoin d'eux, n'y a-t-il pas là de quoi satisfaire le plus pur patriotisme et la plus légitime ambition?

Sorti d'un coup d'État, vaincu et tombé à Sedan, l'empire cherche à se dégager d'un passé qui l'écrase. Ses partisans relèvent la tête; ils comptent sur l'insouciance et la légèreté d'un peuple oublieux. — « L'empereur, dit-on, ne voulait pas la guerre; il y a été poussé par l'opinion. On l'a trompé sur la force de nos armes, le nombre de nos soldats, les ressources de nos arsenaux. Les défaites qui ont accablé la France sont un accident fatal; on n'en peut rendre responsable celui qui en a été la première victime. Ce qui appartient en propre à Napoléon III, ce sont les dix-huit années de paix et de prospérité qu'il a données aux pays. » — Il me paraît étrange, je l'avoue, qu'on excuse l'empereur en disant qu'il n'avait pas les qualités d'un chef d'État, et qu'il ignorait ce qu'il devait savoir. A quoi bon un souverain si le pays ne peut se reposer sur lui du soin de sa défense? Du reste, je ne voudrais pas être injuste envers un accusé et un vaincu. Je reconnais que l'empereur a maintenu l'ordre durant son règne; je crois aussi que la richesse de la France, richesse qui nous sert à payer notre rançon, est en partie le fruit d'une politique commerciale qu'on a eu tort d'imposer de force au pays, mais qui était vraiment libérale, et plus favorable au travail national que le vieux et faux système de la protection.

Cette justice rendue, il faut mettre en balance la Prusse grandie par les fautes de la politique impériale, la France avilie et démembrée, deux provinces perdues, cent mille Français tués, dix milliards extorqués ou dissipés, le pays accablé d'impôts et condamné à tenir toute sa jeunesse sous les armes pour résister aux menaces de l'étranger : c'en est assez pour écarter du gouvernement une famille qui n'a jamais régné que pour notre malheur. Le second empire ne nous a donné ni la liberté ni la gloire; son retour nous apporterait comme en 1851 la compression, le silence, et peut-être de nouvelles proscriptions. Ce serait encore une restauration, et la plus funeste de toutes, car elle ne guérirait aucune de nos divisions et nous imposerait un gouvernement aussi faible au dedans qu'au dehors. Acheter à ce prix quelques années d'ordre matériel, c'est trop cher. Nous aurons plus de sécurité avec la République et la liberté. C'est une erreur de croire que l'ordre soit le monopole des gouvernements absolus; la justice l'établit dans les esprits et le maintient dans la rue plus sûrement que la force ne le peut faire. La répression de la révolte parisienne, le jugement de 32 000 prisonniers disent assez quelle est la puissance d'un gouvernement qui agit au nom de la nation, et qu'on ne peut accuser de défendre un intérêt de famille ou de dynastie.

Je comprends sous le nom de parti révolutionnaire les chefs de la Commune, les jacobins émérites et toutes les écoles socialistes qui font appel à la violence. Il y a là une foule de groupes divers, et mutuellement ennemis, mais qui sont toujours d'accord pour renverser ce qui existe. C'est la grande armée de l'ignorance, de la misère et de l'envie. Ce parti pousse à la dissolution de l'Assemblée parce que les élections sont pour lui une loterie où il espère gagner quelque chose. Vienne une Chambre nouvelle, on peut être sûr que s'il n'est pas le maître il recommencera aussitôt à demander la dissolution. Ennemi de la liberté et de la propriété individuelle, il a fait contre la société le serment d'Annibal; il poursuit par tous les moyens l'établissement d'une égalité matérielle qui serait la ruine de la civilisation et le plus brutal des despotismes.

On reconnaît ce parti à trois caractères. Il a le culte de la Révolution dans ce qu'elle a de plus faux et de plus violent : Saint-Just, Hébert, Babœuf sont ses héros. Il a le goût de la dictature, un souverain mépris pour la liberté politique et civile; l'individu n'est rien, l'État est tout. Matérialiste et athée, il sent que le christianisme est son plus grand ennemi; aussi son rêve le plus cher est-il d'anéantir la religion. Comme il a plus de passions que d'idées, il emprunte aux amis de la liberté les réformes qu'il réclame; mais en les empruntant il les dénature et les compromet. S'il demande que l'enseignement soit laïque, ce n'est pas pour lui garder le caractère séculier, c'est pour chasser de l'école les Frères et les Sœurs qui se dévouent à l'instruction de l'enfance; s'il poursuit la séparation de l'Église et de l'État, ce n'est pas pour affranchir du même coup la religion et la société, c'est pour en finir avec le prêtre. Ne lui dites pas que la France est une nation catholique, jamais vous ne lui ferez admettre que des chrétiens aient peut-être autant de droit à la liberté que ceux qui ne croient à rien. Il a toute l'intolérance et le fanatisme d'une secte; il ne veut de la liberté qu'à son profit.

De ces quatre partis politiques, les deux premiers sont peu à craindre; ils ne pourraient arriver au pouvoir que par un vote de l'Assemblée, et l'Assemblée n'est pas de taille à faire une monarchie, alors même qu'elle en aurait le désir, ce que je ne crois en aucune façon. Quant aux bonapartistes et aux révolutionnaires, leurs espérances sont moins folles qu'on ne suppose. Si, dans la session qui va s'ouvrir, l'Assemblée n'établit pas un gouvernement régulier, si la France perd patience en 1873, le suffrage universel peut faire volte-face aux prochaines élections et envoyer à Paris une Chambre mi-partie de républicains rouges et d'impérialistes. Le premier acte de la nouvelle Assemblée sera de remercier M. Thiers; le second sera d'engager une lutte intérieure qui nous mènera plus ou moins rapidement au despotisme, soit par voie directe, soit par le chemin de l'anarchie.

Rien de tout cela n'est difficile à prévoir; chacun le sent, chacun l'annonce, mais personne n'agit. On dirait que la France fascinée attend, sans pouvoir se défendre, le monstre qui doit la dévorer. Nous ressemblons à ces

négociants gênés qui n'osent faire ni leur inventaire ni
leur liquidation par peur de la vérité, et qui ne font ainsi
que hâter leur ruine. Il faut sortir de cet état misérable.
Un peuple ne peut pas se résigner à vivre au jour le jour,
à moins qu'il ne veuille descendre un degré de plus dans
cette voie de décadence où l'esprit de révolution nous
pousse depuis quatre-vingts ans. Du courage donc, et en
avant! Si, dans l'Assemblée, il y a des partis décidés à
jouer le rôle des royalistes en 1789; s'ils se refusent à
constituer un gouvernement sage, parce que ce gouvernement ne porte pas leur cocarde; si une fois encore
c'est de l'excès du mal qu'ils attendent le triomphe de
leur opinion, eh bien! faisons au moins que le pays ap-
prenne à connaître ses vrais amis. Et que la responsabilité de l'avenir et la malédiction de l'histoire retom-
bent sur ceux qui n'auront pas eu le patriotisme de tout
sacrifier au salut de la France!

TROISIÈME LETTRE

Tous les partis s'agitent et crient pour étourdir le public. Mais quand on les regarde de près on voit qu'ils ressemblent aux armées mexicaines ; les colonels y sont plus nombreux que les soldats. Au milieu de tout ce bruit, le gros de la nation reste immobile et indifférent. Le peuple français, ce peuple laborieux, économe, sensé, est las des révolutions ; il ne croit plus aux hommes providentiels, ni aux sauveurs dynastiques. Blessé, ruiné, il implore un peu de repos, afin de panser ses plaies et de reprendre haleine. Il a trouvé le chef qui lui convient, et ne demande qu'une chose à ses mandataires, c'est de consolider ce qui existe et d'assurer l'avenir. On lui offre la république conservatrice, il est prêt à l'accepter, sans enthousiasme et sans répugnance, si ce gouvernement est assez fort pour le délivrer des factions et lui garantir la paix, le travail et une honnête liberté.

Dans le pays cette opinion grossit chaque jour. Il s'établit un courant qui peu à peu désagrége les anciens partis, et qui finira par tout emporter si l'on a assez de sens politique pour profiter de ce mouvement heureux. A la Chambre, cette opinion est représentée par la gauche et le centre gauche, deux groupes qui ne forment qu'une minorité respectable, mais qui pourront bientôt

s'appeler la majorité, si la faveur publique les soutient
et les pousse.

La gauche est composée des républicains de la veille,
anciens membres des Assemblées de 1848 et 1849,
jeunes gens élevés dans la haine de l'empire et l'amour
de la démocratie. En temps ordinaire, le radicalisme de
ce parti et surtout sa faiblesse à l'égard des doctrines et
des actes de la Révolution auraient peut-être effrayé
la France, pays foncièrement modéré ; mais la gauche de 1872, plus sage que ses devancières, a fait
preuve d'un véritable esprit politique. En soutenant
M. Thiers avec une abnégation patriotique, elle a montré
aux gens impartiaux que l'expérience lui avait profité,
et que s'il y avait dans les idées qu'elle défend quelque
chose d'excessif et d'absolu, elle était prête à en faire le
sacrifice afin de fonder un établissement durable, une
République ouverte à tous, et qui fût dans toute la force
du mot le gouvernement du pays par le pays.

Le centre gauche est le vieux parti libéral, parti souvent insulté par les opinions extrêmes et dédaigné dans
les jours heureux, mais auquel on revient dans les in-
stants difficiles parce que c'est là seulement que la France
retrouve un point d'appui pour se relever. Ce parti, qui
n'a jamais fait de révolution, et qui a souvent empêché
d'en faire, se soucie moins du nom que portent les gouvernements que des garanties qu'ils donnent à l'ordre et
à la liberté. Républicains du lendemain, libéraux de la
veille, les membres du centre gauche inspirent à la nation une confiance d'autant plus grande qu'elle reconnaît en eux son tempérament, ses goûts, ses affections,
ses idées. Ce ne sont ni des adorateurs du passé ni des
novateurs téméraires, ce sont des gens pratiques, plus

timides que hardis, qui songent avant tout aux grands intérêts du pays : le travail, la sécurité, la liberté. Ils avancent lentement au gré de certaines impatiences; mais avec eux, du moins, on ne recule pas. Fortifié par son union avec la gauche, si en ce moment le centre gauche n'est pas le maître de la situation, c'est qu'il lui manque le concours du centre droit, son allié naturel. En temps ordinaire, il n'y a que des nuances entre les opinions des deux centres; aujourd'hui, ils sont séparés par l'épaisseur d'une monarchie. C'est un malheur pour le pays, mais un malheur qu'il peut faire cesser en déclarant énergiquement sa volonté. Il y a trop d'honnêtes gens et de bons citoyens dans le côté droit pour qu'il résiste longtemps à la voix de la France.

Quelles sont les raisons qui décident le centre gauche, ou du moins la majorité du centre gauche, à soutenir la république modérée de préférence à la monarchie parlementaire, qu'il a défendue durant un demi-siècle? Ces raisons, les voici; elles sont si evidentes, qu'elles s'imposent à tous les esprits que la passion politique n'aveugle pas.

La république conservatrice est le maintien et la consolidation du gouvernement actuel. Elle peut donc s'établir sans révolution, sans bouleversement, sans agitation. C'est le seul régime qui ait ce privilége; c'est le seul qui ne nous divise pas. Il y a là un fait énorme, une considération qui l'emporte sur tout le reste. Qu'on y réfléchisse. Comment ramener la légitimité, l'empire, la royauté constitutionnelle sans réveiller du même coup les dissensions et peut-être la guerre civile? Chacun de ces gouvernements sera le triomphe d'un parti, la défaite de tous les autres. Voilà donc encore une fois les enfants d'une même patrie partagés en vainqueurs et en vaincus, en amis et en ennemis ; voilà une foule d'honnêtes gens condamnés de nouveau à vieillir dans l'inaction, s'ils n'aiment mieux s'enrôler dans une faction et conspirer la ruine de l'État. Sommes-nous si riches en talents, en vertus, en patriotisme, que nous ayons le droit de gaspiller les forces vives de la nation? L'union, n'est-ce pas le premier besoin, le premier devoir d'un peuple dans notre situation? C'est là le grand mérite de la France républicaine, qu'elle appelle tous ses fils à son secours, sans s'inquiéter de leur passé, sans craindre des jalousies, des rancunes, des rivalités qui tant de fois l'ont affaiblie et désolée. Légitimistes, orléanistes, bonapartistes, républicains de la veille ou du lendemain, ses bras vous sont ouverts, elle respecte tous les souvenirs; elle accepte tous les dévouements.

« La république, disent ses adversaires, est, en théorie, un gouvernement admirable; mais, en fait, elle n'a jamais apporté à la France que la ruine et la misère. La république, c'est l'anarchie, c'est l'émeute, c'est la guerre civile, c'est la banqueroute. La république, c'est le règne des hommes qui en veulent à la propriété, à la famille, à la religion. Comme citoyens, comme chrétiens, comme Français, nous repoussons ce régime abominable. »

Si, en effet, la république n'était que la révolution et l'anarchie en permanence, de pareils reproches ne seraient que trop fondés. Mais en est-il ainsi? Est-ce qu'il n'y a pas de bonnes et de mauvaises républiques, comme il y a de bonnes et de mauvaises monarchies? Le gouvernement de la Suisse est-il moins paisible ou moins bien ordonné que celui d'Angleterre? Est-ce qu'aux États-Unis la religion n'est pas en honneur? Est-ce qu'on y

menace la famille ou la propriété? On dit qu'il y a en
France des gens qui rêvent de bouleverser la société.
Hélas! il y en a partout; mais croit-on par hasard que
ces ennemis de tout gouvernement soient des républicains? Sont-ce des amis des institutions libres, ces hommes dont le premier soin, quand ils sont les maîtres,
est d'étouffer la liberté et d'installer la dictature des comités? Non; ce sont des révolutionnaires et des despotes
de la pire espèce. Est-ce avec ce parti qu'on propose de
s'allier pour fonder d'un commun accord un gouvernement populaire? Est-ce au profit des jacobins et des
communistes, ou plutôt n'est-ce pas contre eux qu'on
établira la république conservatrice? Qu'on ne s'y trompe
pas; s'il est un régime qui puisse en finir avec l'esprit
de désordre et d'anarchie, c'est la république. Un peuple
habitué à se gouverner lui-même est impitoyable pour les
minorités qui se révoltent. La loi, qui commande seule
dans les républiques, est une maîtresse plus impérieuse
qu'un roi et se fait obéir plus sévèrement.

Faut-il des faits à l'appui de ces assertions? Qu'on
voie ce qu'en dix-huit mois la république *provisoire* a
mené à bonne fin, sous la direction du Président. La
répression de la Commune, la libération du territoire,
un emprunt de 5 milliards, l'ordre dans la rue, l'apaise-
ment des esprits, voilà, ce me semble, des actes qui
permettent d'avoir confiance dans la *république définitive*,
c'est-à-dire dans le gouvernement actuel, consolidé par
des institutions sages et libérales. Qu'est-ce qu'une monarchie aurait pu faire de mieux?

Enfin, à moins de fermer les yeux à la lumière, n'est-
il pas évident que nous n'avons pas le choix d'un régime
politique? Chez un peuple qui ne supporte pas la mo-

narchie, la république est une nécessité. Longtemps on
a cru qu'on ferait marcher ensemble la démocratie française et la royauté constitutionnelle, on a échoué. Est-ce
la faute des hommes? Je ne le crois pas. Il y a dans
notre esprit quelque chose d'entier, d'absolu, qui repousse tout tempérament. Si nous ne sommes guère républicains par nos mœurs, nous le sommes foncièrement
par nos idées. Le plus sage est de prendre le pays tel
qu'il est. Organiser la démocratie française et l'améliorer
par elle-même est peut-être moins difficile que d'essayer
de lui donner un maître. D'ailleurs, il faut compter avec
le suffrage universel qui, depuis vingt-cinq ans, est entré
dans les habitudes nationales. Comment le concilier avec
une monarchie? Le mettra-t-on à deux degrés? c'est une
confiscation. Le réduira-t-on? il y a là un inconnu redou-
table. Et, d'ailleurs, qui a le droit d'en agir de la sorte?
Est-ce en vertu de leur mandat que des représentants du
peuple prendront sur eux de proclamer la déchéance des
électeurs qui les ont nommés?

Tels sont, à mon avis, quelques-uns des motifs qui
engagent le centre gauche à demander l'établissement de
la république. C'est un mariage de raison qu'il propose
au pays. La fiancée apporte en dot l'union, la paix et la
liberté! C'est trois fois plus que ne peuvent offrir les monarchies, ses rivales. Ne laissons pas échapper cette
chance heureuse. Aujourd'hui, si nous avons le courage
d'oublier nos vieilles discordes, nous pouvons clore l'ère
des révolutions dans ce palais de Versailles où elle a
commencé il y a quatre-vingts ans. Mais si nous nous
entêtons à ne rien faire, nous aurons bientôt de nouveaux
orages, et nous entraînerons dans notre ruine la France,
encore une fois victime de l'aveuglement et de l'égoïsme
des partis.

QUATRIÈME LETTRE

QU'EST-CE QU'UNE CONSTITUTION[1]?

Si l'Assemblée se décide à sortir du provisoire; si elle veut donner à la France un gouvernement régulier, elle ne s'amusera pas à proclamer solennellement la république, ce qui ne serait qu'une vaine parade; elle fera une Constitution.

Qu'est-ce qu'une Constitution? La question paraîtra singulière. Cependant, si l'on veut comparer une Constitution américaine avec une de nos Chartes républicaines, on verra bien vite que le mot de Constitution n'a pas le même sens dans les deux pays.

Qu'est-ce qu'une Constitution à la française? C'est un ensemble de dispositions et de lois qui embrasse toute la vie publique de la nation. Prenons pour exemple la moins mauvaise de nos Constitutions populaires, celle où le législateur s'est tenu le plus près des idées américaines, la Constitution de l'an III; nous y trouvons, sous le titre de *Déclaration des droits et des devoirs de l'homme et du citoyen*, un préambule en trente et un articles, qui contient une série de maximes politiques et morales, *proclamées par le peuple français en présence de l'Être*

1. V. dans mes *Questions Constitutionnelles*, la *Révision de la Constitution*, le *Plébiscite* et l'article *du Pouvoir Constituant*.

Suprême. En voici quelques-unes : « DEVOIRS, article 4.
« Nul n'est bon citoyen s'il n'est bon fils, bon père, bon
« ami, bon époux. — Article 5. Nul n'est homme de
« bien s'il n'est franchement et religieusement observa-
« teur des lois. — Article 7. Celui qui, sans enfreindre
« ouvertement les lois, les élude par ruse ou par adresse,
« blesse les *intérêts de tous; il se rend indigne de leur*
« bienveillance et de *leur* estime. » Ce sont là des vé-
rités incontestables, des maximes excellentes qui seraient
à leur place dans un catéchisme républicain, mais on
est surpris de trouver dans une loi politique ces conseils
vertueux qui échappent à toute sanction pénale. On sent
que le législateur n'est pas sur son terrain.

La Déclaration des droits et des devoirs est suivie d'un
Code politique en 377 articles qui règle sous treize titres
la division du territoire, l'état politique des citoyens,
les assemblées primaires, les assemblées électorales, le
pouvoir législatif, le pouvoir exécutif, les corps admi-
nistratifs et municipaux, le pouvoir judiciaire, la force
armée, l'instruction publique, les finances et la révision
de la Constitution. Viennent enfin des *dispositions géné-
rales* où se trouvent pêle-mêle, avec la liberté des cultes,
des mesures dirigées les unes contre les clubs, les autres
contre les émigrés, le maintien de la confiscation, etc.,
le tout couronné par un appel sentimental, dans le goût
du temps : « Le peuple français remet le dépôt de la présente Constitution à la fidélité du Corps législatif, du
Directoire exécutif, des administrateurs et des juges, *à
la vigilance des pères de famille, aux épouses et aux mères,
à l'affection des jeunes citoyens, au courage de tous les
Français.* »

Quel est l'objet de ce grand travail législatif? Ce n'est

pas seulement de constituer un gouvernement, c'est de
constituer une société. Élevés dans le culte de l'antiquité,
familiers avec la fable de Lycurgue, les législateurs de la
Révolution ont l'ambition de refaire les mœurs par les
institutions. Rien ne leur semble plus naturel que de
transformer en Spartiates ou en Romains les Français
du dix-huitième siècle; il suffit pour cela d'une Constitution. Mais pour que ce grand œuvre réussisse, il y a
une condition essentielle, c'est que le législateur ordinaire ne puisse toucher aux décrets des nouveaux
décemvirs. En les chargeant de faire une Constitution, le
peuple les a sacrés infaillibles; l'inspiration ne passe
point à leurs successeurs. C'est sur un fondement aussi
solide qu'on établit des lois immuables pour une société
qui se développe, c'est-à-dire qui change tous les jours.
Il est vrai qu'en 1795 comme en 1791, l'idée du progrès,
entrevue par Turgot, n'est encore que le rêve de quelques bons esprits. Aveuglés par les erreurs de Mably,
les constituants de l'an III s'imaginent, malgré l'évi-
dence des faits, qu'on peut donner l'éternité à des
lois politiques qui règlent des intérêts mobiles et pas-
sagers.

Les constituants de 1848, qui n'avaient pour excuse ni
la foi ni les illusions de leurs devanciers, ont eu, eux
aussi, la prétention d'enclouer la roue du temps. Dans
leur Constitution, ils ont tout entassé: maximes morales
ou politiques, administration, justice, instruction, armée.
Au fond, ce que voulaient ces législateurs, enivrés de
leur prétendue souveraineté, c'était d'enchaîner non-
seulement leurs successeurs, mais le pays, à certaines
institutions qu'ils empruntaient au passé. Le hasard des
révolutions avait amené au pouvoir un parti imbu des

idées de 1791 et 1793. Ces funestes chimères étaient un dogme qu'on imposait de force à la nation. La France n'avait pas le droit de toucher à la République qu'on lui choisissait, encore bien que cette République ne fût pas viable. Ainsi l'avaient décidé ses représentants.

Comment se fait-il que les élus de la nation aient à ce point méconnu leur mandat ? S'ils avaient ouvert l'évangile jacobin, la Constitution de 1793, ils y auraient trouvé les vrais principes démocratiques. — « Art. 28. « Un peuple a toujours le droit de revoir, de réformer, « de changer sa Constitution. Une génération ne peut « assujettir à ses lois les générations futures. » C'est le langage du bon sens. On dira que rien n'est plus mauvais pour un peuple que l'excessive mobilité des institutions. D'accord ; mais c'est la bonté des lois qui en assure la durée ; ce n'est pas le caprice du législateur. Le Code civil règne depuis bientôt soixante-dix ans sans autre protection que la sagesse de ses dispositions ; en est-il moins solide ? De toutes ces Constitutions, éternelles de par un décret, il n'en est pas une qui ait duré cinq ans. Leur perpétuité forcée n'a jamais été qu'une cause de révolutions. Et de quel droit enchaîner le souverain ? Une Constitution n'est pas un contrat ; il n'y a pas de tiers dans la stipulation ; c'est un règlement politique qui n'a d'autre objet que d'assurer la paix et la félicité publique. Si le peuple en est mécontent, il a toujours le droit de le changer.

Étendre une Constitution à tout, afin de tout immobiliser, forcer la nation à vivre d'idées qui lui sont étrangères, d'institutions qui la gênent, telle est l'erreur révolutionnaire qui est au fond de toutes nos Chartes républicaines et qui les a toutes viciées. Il n'en est pas une seule qui ne soit une violation des principes démocratiques, une usurpation de la souveraineté.

Passons aux États-Unis ; c'est là que sont nées ces Constitutions écrites, qui ont si malheureusement changé de caractère quand on les a transportées sur notre sol. Là-bas tout est simple et pratique. Prenez la Constitution fédérale ou quelqu'une des trente-sept Constitutions des États particuliers ; elles se bornent en général à établir les pouvoirs publics, à en déterminer la compétence, à en régler les rapports mutuels. Joignez-y quelques dispositions qui concernent la procédure de révision, procédure toujours ouverte, l'œuvre est achevée.

Ainsi donc, pour les Américains, il n'y a de constitutionnel que ce qui touche à l'organisation et à la distribution des pouvoirs publics. Toutes les autres lois, quelle qu'en soit l'importance, ne rentrent pas dans cette catégorie ; c'est au législateur ordinaire qu'il appartient de régler le mouvement incessant des institutions. Pourquoi met-on à part la Constitution ? La raison en est facile à saisir. Une Constitution n'est pas une loi comme les autres, elle a une nature différente, un caractère particulier. Les lois communes obligent les citoyens, la Constitution oblige les Assemblées et le gouvernement ; c'est la garantie que prend la nation contre l'usurpation de ceux à qui elle confie le pouvoir législatif, exécutif et judiciaire. Peut-on reconnaître aux législateurs le droit de faire ou de modifier cette loi suprême ? Non, car de cette façon la Constitution se trouverait à la merci de ceux-là même dont elle limite l'autorité. Qu'est-ce qu'un pouvoir qui détermine lui-même sa compétence et qui étend à volonté ses attributions ? C'est un pur arbitraire, une menace perpétuelle pour le gouvernement et pour la justice, un danger de toute heure pour la liberté et la propriété des citoyens. Convaincus de cette vérité, que l'expérience des révolutions aurait dû populariser en France, les Américains, quand ils veulent rédiger ou réformer une Constitution, s'adressent à un comité particulier, à une Convention qu'ils chargent de rédiger un projet. Ce projet est soumis à la sanction populaire; c'est après cette adoption qu'il devient la loi des pouvoirs publics. Le grand principe de la démocratie américaine, c'est que le peuple seul ayant le droit de choisir et d'établir le gouvernement qui lui convient, lui seul, par conséquent, a le droit de lier ses représentants et de leur mesurer la part d'autorité qu'il juge à propos de leur conférer. Cette façon de raisonner n'est pas la nôtre; mais il faut convenir qu'elle n'a pas porté malheur aux Américains.

Il est inutile de comparer les deux systèmes; on juge l'arbre à ses fruits. En France, une Constitution est un thème à déclamations qui enflamme l'Assemblée et inquiète le pays pendant des mois entiers; mais en général, elle dure d'autant moins qu'on a mis plus de temps à la discuter. Aux États-Unis, la Constitution, qui se fait sans bruit et en quelques jours, est chose si souple et si robuste à la fois, qu'elle se prête à tous les progrès de la démocratie sans rien perdre de sa vertu première. A vrai dire, toutes ces Constitutions sont les filles légitimes de la vieille Constitution anglaise. Les rapports des différents pouvoirs ont singulièrement varié; leur division n'a pas changé.

Si l'on adopte la conception politique des Américains, conception que Benjamin Constant défendait avec beaucoup de talent dès l'année 1814 [1], si l'on se décide à réduire la Constitution à ses éléments essentiels, résolution qui convient également à un peuple revenu des illusions révolutionnaires et à une Assemblée qui n'a pas de temps à perdre, on en finira du même coup avec une opinion qui gagne du terrain et qui repose sur une confusion d'idées. On lit dans quelques journaux que la distinction des lois constitutionnelles et des lois ordinaires est une distinction chimérique, qu'il faut en finir avec cette vaine métaphysique, et que le plus sage serait de laisser chaque Assemblée pourvoir aux besoins du moment, et écrire la Constitution page à page, au jour le jour, comme fait le Parlement d'Angleterre, à ce qu'on prétend.

Si l'on ne veut voir dans cette opinion que la critique de nos Constitutions monumentales, on peut la trouver plus ou moins ingénieuse; mais c'est une erreur complète si on l'applique aux Constitutions américaines. Tout se tient dans l'organisation des pouvoirs publics comme dans l'organisme d'un être vivant. Essayer d'instituer un des trois pouvoirs sans régler ses rapports avec les deux autres, c'est se jeter dans la confusion où nous nous débattons aujourd'hui. On parle d'établir une seconde Chambre ou Sénat, c'est fort bien ; mais quelle sera la compétence de cette Chambre ? Aura-t-elle les mêmes droits que l'autre Assemblée, ou sera-ce une simple Chambre de révision ? Les deux Chambres auront-elles un pouvoir législatif sans limites? Le Président (s'il y a un Président) aura-t-il un droit de véto ? Ce véto sera-t-il suspensif? Quelle majorité sera nécessaire dans cha-

1. Voyez le chapitre intitulé : *De ce qui n'est pas constitutionnel* (*Cours de politique constitutionnelle*, t. I, p. 263).

cune des deux Chambres pour annuler le véto du Président? Est-ce la première Chambre qui accusera le Président? Est-ce le Sénat qui le jugera? Ce jugement sera-
t-il purement politique, comme aux États-Unis, ou, tout
au contraire, le Sénat sera-t-il un tribunal d'exception,
comme la Chambre des Lords ou notre ancienne Chambre
des Pairs? Je m'arrête; j'en ai dit assez pour faire comprendre qu'il est politiquement impossible d'organiser
un des trois pouvoirs sans toucher aux deux autres. On
ne fait pas une Constitution pièce à pièce, comme une
mosaïque; c'est une balance dont il faut régler tout à la
fois les plateaux, les poids et le fléau.

D'un autre côté, comment ne voit-on pas que si chaque
Assemblée a le droit d'écrire une page de la Constitution,
elle a également le droit d'effacer ce qu'on a écrit avant
elle? Supposons que l'Assemblée de 1873 établisse deux
Chambres, donne au Président un droit de véto ou même
(on en a parlé, lui accorde le droit de dissoudre la Chambre des représentants avec le consentement du Sénat, survient une nouvelle Assemblée en 1874. Qui l'empêchera de
supprimer le droit de dissolution, le droit de véto, le
Sénat et même le Président? Ce qu'une Assemblée a fait
une autre Assemblée peut le défaire; c'est un raisonnement irréprochable; la logique, si puissante sur l'esprit
français, est satisfaite; mais c'est la révolution en permanence et l'anarchie à l'état d'institution. Cela n'a existé
dans aucun temps ni dans aucun pays.

On cite l'exemple de l'Angleterre; mais on se laisse
tromper par les apparences. On donne une portée trop
grande au dicton qui reconnaît au Parlement le droit de
tout faire, excepté d'un homme une femme, et d'une
femme un homme. Oui, sans doute, rien ne peut échapper

à l'action du Parlement anglais, car il représente l'ensemble des pouvoirs publics, y compris la royauté qui siége en Parlement ; mais, outre que la coutume, plus forte que la loi, détermine exactement les rapports des Chambres et du gouvernement, je n'ai vu nulle part que le Parlement d'Angleterre s'attribuât le droit de changer cette antique Constitution que tous les partis invoquent comme le palladium des libertés britanniques. Le Parlement réforme au jour le jour les institutions ; il n'a jamais touché à l'organisation ni à la distribution des pouvoirs publics. Supprimer la Chambre des Lords, ou même la Royauté ne pourrait se faire que de l'aveu du pouvoir qu'on abolirait, ce qui rend la chose infiniment peu probable ; mais dans cette suppposition même, oserait-on faire une pareille révolution sans demander le consentement du pays? J'en doute fort ; je crois que l'idée de la souveraineté du peuple a fait de grands progrès en Angleterre ; mais il est inutile de se perdre dans la région des hypothèses. Ce que sera l'avenir nous n'en savons rien, mais nous pouvons affirmer qu'aujourd'hui on ne peut pas s'appuyer sur l'autorité du Parlement anglais pour donner à nos Assemblées le droit de bouleverser à leur gré la Constitution qui les régit.

Par la force des choses, nous voici donc ramenés au système américain. Si nous voulons sortir de la confusion, il nous faut une Constitution qui règle l'autorité et l'action des pouvoirs publics. Cette Constitution une fois faite, il ne faut pas qu'on puisse la changer du jour au lendemain, au hasard des élections, sans l'aveu du pays. Ce qui revient à dire qu'on ne peut faire une Constitution durable sans la soumettre à la sanction du suffrage universel.

Ce n'est pas ainsi qu'on l'a entendu chez nous jusqu'à présent. On a imaginé de créer des Assemblées constituantes, armées d'un pouvoir indéfini ; c'est à ces législateurs sans responsabilité qu'on a reconnu le droit de faire une Constitution et de l'imposer au pays sans lui demander son aveu. Il y a là une erreur particulière à la France ; rien de pareil n'existe ni en Suisse ni aux États-Unis. Que dirait-on d'un homme qui donnerait un mandat en blanc pour qu'on disposât de sa fortune et de sa vie ? Une nation est-elle plus sensée quand elle abandonne ses destinées à sept ou huit cents personnes animées des plus violentes passions politiques ? En livrant sa souveraineté, ne s'expose-t-elle pas de gaieté de cœur à être perpétuellement victime de son trop de confiance ? Consultons les faits. Depuis quatre-vingts ans, l'histoire du peuple français est celle de Samson. Il y a toujours une Dalila qui le flatte et le trompe pour lui surprendre le secret de sa force, afin de le lier et de l'asservir. Puis un jour vient où le captif, furieux d'avoir été joué, secoue les colonnes du temple et écrase tout sous des ruines. Cela s'appelle une révolution. Nous y voyons une crise fatale, un ouragan que l'homme ne peut prévenir ; il n'en est rien. C'est notre ignorance qui fait tout le mal. Si, comme aux États-Unis, la nation, gardant son droit suprême, se réservait le privilége d'approuver, de rejeter, de réformer la Constitution, elle maintiendrait ses mandataires dans l'obéissance et ne serait pas la dupe de son éternelle crédulité.

Demander la sanction populaire est une mesure tellement simple et tellement conforme à la tradition républicaine de 1793 et de l'an iii, les Constitutions de 1791 et de 1848 se sont si mal trouvées de ce défaut de ratification, que je n'y insisterais pas si cette sanction ne s'appelait chez nous plébiscite.

Pour parler aujourd'hui de plébiscite, il faut une foi robuste, à l'épreuve des événements. Le premier empire, qui a toujours reconnu la souveraineté du peuple en principe, sauf à s'en constituer le délégué et à appuyer son omnipotence sur cette délégation, a toujours eu grand soin de faire sanctionner par la nation les diverses Constitutions consulaires ou impériales ; le second empire a suivi l'exemple du premier. On n'a pas oublié avec quelle vivacité on a combattu le plébiscite de 1870 ; ses adversaires sont aujourd'hui maîtres de l'opinion. A les en croire, le plébiscite serait la cause des désastres qui nous ont accablés. Selon moi, le plébiscite est aussi innocent de la guerre de 1870 que de la révolution du 4 septembre ; mais, quoi qu'il en soit, il est temps d'en revenir à une vue plus équitable des choses. Si l'on veut organiser la démocratie en France, il en faut accepter les conditions et reconnaître franchement la souveraineté du peuple. On ne peut pas faire que, par son origine et sa nature, le plébiscite ne soit une institution républicaine et démocratique ; on ne peut pas se dissimuler que la sanction populaire est d'une nécessité absolue si l'on veut faire vivre la Constitution en la mettant au-dessus du caprice et de l'omnipotence des Assemblées. Ce retour aux principes est d'ailleurs commandé par la politique la plus sage. L'empire, établi et consolidé par trois plébiscites, maintiendra ses prétentions jusqu'au jour où le peuple souverain, en fondant de façon légale un nouveau gouvernement, sanctionnera du même coup la déchéance de l'ancien. L'Assemblée, dira-t-on, a déjà prononcé. Sans doute ; mais, si respectable que soit cette décision, ce n'est qu'une présomption. Elle ne peut pas remplacer entièrement la volonté nationale. Quand l'empire a demandé sa consécration au suffrage universel, il serait étrange que la république, le régime populaire par excellence, s'établît en France sans qu'on daignât consulter le pays. On dit que le plébiscite est une comédie, une ca rte forcée. Je n'admets pas ce brevet d'incapacité décerné au peuple français par ses mandataires ; l'exemple des États-Unis, l'exemple tout récent de la Suisse prouvent clairement qu'un peuple sait refuser la Constitution qui ne lui convient pas. Dans un pays de suffrage universel, il est impolitique et dangereux pour le législateur de s'ériger en maître ; c'est toujours la nation qui doit avoir le dernier mot. Le peuple s'attache plus qu'on ne croit aux institutions qu'il a volontairement acceptées ; l'empire en est la preuve. Si vous voulez que le peuple adopte la république, faites-en sa chose ; si vous voulez qu'il ait confiance en vous, ayez confiance en lui.

CINQUIÈME LETTRE

DE LA SOUVERAINETÉ DU PEUPLE ET DE LA PRÉTENDUE
SOUVERAINETÉ DES ASSEMBLÉES.

Pourquoi toutes les Constitutions républicaines ont-
elles avorté en France, tandis qu'elles ont toujours réussi
dans l'Amérique du Nord, même en Californie, où la
population était mélangée des éléments les plus divers,
même au Canada, où la moitié de la population est française d'origine, de langue, de mœurs, je dirais presque
de religion? Cet échec tient sans doute à plus d'une
cause; mais il est une erreur politique qui à elle seule
suffirait pour expliquer cet insuccès perpétuel. Cette erreur, qui n'a rien perdu de sa puissance, qui aujourd'hui
encore est maîtresse de l'opinion; cette erreur, partagée
et vivement défendue par les hommes mêmes qui ont le
moins de goût pour la république, c'est que dans une
démocratie les Assemblées sont souveraines. C'est un
article de foi pour un Français qu'une Assemblée républicaine, et surtout une Assemblée constituante, réunit
en ses mains toute l'autorité et tous les droits de la nation. Les représentants du peuple sont le peuple même.
Comment leur mandat serait-il borné? Leur volonté est
la volonté même du pays. « Nous sommes tout-puissants,
disait le janséniste Camus à l'Assemblée constituante en
1790; nous pourrions changer la religion nationale, mais

nous ne le ferons pas. » La prétention semblera peut-être excessive ; elle n'est que la conséquence régulière d'un faux principe. Et ce principe, je pourrais dire ce dogme, est tout vivant. Entrez au palais de Versailles, un jour de séance : c'est un grand hasard si quelque député, monarchique ou républicain, ne se lève pour invoquer à l'appui de ses prétentions, même les moins justifiées, la souveraineté de l'Assemblée. Il n'en est guère qui, dans cet ancien séjour de la royauté, ne dise avec la fierté de Louis XIV : *L'État, c'est nous ; la France, c'est nous.* Le gouvernement s'incline, comme on l'a vu dans la question de la nomination du Conseil d'État, et le peuple prend pour un compliment à son adresse ce qui est une insulte à sa souveraineté.

Ce prétendu dogme politique est inconnu en Amérique ; on ne connaît là-bas qu'une seule souveraineté, celle du peuple, et de fait il n'y en a pas d'autre. A Londres, le Parlement porte le titre d'Impérial (*Imperial Parliament*), mais ce mot a la même portée que la vieille maxime française : *Le roi de France est empereur en son pays ;* il signifie que le Parlement, au sens anglais, c'est-à-dire la reine et les Chambres ne sont vassales d'aucune puissance sur la terre, et qu'elles règnent et gouvernent par la grâce de Dieu. C'est en France, au sortir de la monarchie pure, que l'Assemblée constituante a imaginé de s'attribuer l'omnipotence, comme s'il suffisait de déplacer le pouvoir absolu pour en changer la nature. Les législateurs de 1791 n'ont pas vu qu'avec leur système ils en arrivaient à la négation et à la confiscation de la souveraineté populaire ; leurs successeurs ont persisté dans cette erreur qui chatouillait l'orgueil des Assemblées. Et c'est ainsi qu'à chaque révolution la nation a

été asservie par ceux même qu'elle avait chargés de l'affranchir. On lui donnait le despotisme parlementaire
quand elle demandait la liberté.

Pour s'assurer de tout ce qu'il y a de faux et de dangereux dans cette prétendue souveraineté des Assemblées,
il faut la rapprocher de la souveraineté populaire. C'est
une étude que j'abrégerai autant que possible, mais elle
est nécessaire. Ce qui rend difficile l'établissement d'une
Constitution raisonnable, c'est ce vieux mensonge qui
nous a toujours perdus. Une fois débarrassée de l'omnipotence des Assemblées, une Constitution républicaine
présente à peu près les mêmes problèmes qu'une Constitution monarchique et parlementaire ; tout est aisé une
fois qu'on est sur le terrain de la vérité.

Aujourd'hui tout le monde est d'accord que le principe de nos institutions politiques est la souveraineté du
peuple. La nation est maîtresse absolue de son gouvernement. Qu'on l'approuve ou qu'on le condamne, c'est
là un fait qu'il faut reconnaître et avec lequel il faut
compter.

Que signifie cette maxime qu'en France le peuple est
souverain ? Cela veut-il dire que la volonté du peuple fait
le juste ou l'injuste ? *Vox populi, vox Dei.* C'est la prétention de Jean-Jacques Rousseau, le grand pontife des
jacobins. Il n'en peut pas être autrement quand on fait
sortir d'une convention arbitraire la société, la morale et la
religion. Aussi n'est-ce pas sans raison que Benjamin
Constant appelle le *Contrat social* « le plus terrible auxi-
liaire de tous les genres de despotisme[1]. » Mais la démocratie moderne, celle qui a été élevée à l'école de la liberté,

1. *Cours de Droit constitutionnel*, t. I, p. 276.

entend d'une tout autre façon la souveraineté du peuple.
D'une force brutale elle fait une force réglée, et d'un en-
gin de révolution un instrument politique. Voici les idées
qu'elle défend ; c'est le contre-pied des doctrines autori-
taires et socialistes.

L'homme n'a pas été jeté sur la terre pour être l'es-
clave de l'État, le mouton d'un troupeau, la pièce d'une
machine ; ce n'est pas une chose, mais une personne. Il
est né pour développer librement ses facultés physiques,
intellectuelles, morales ; c'est dans ce développement
qu'il trouve sa perfection et son bonheur. Il a donc des
droits personnels, ou naturels, comme on voudra les appeler. Mais l'homme n'est pas fait pour vivre isolé ; un
instinct irrésistible, que le langage seul suffirait pour
attester, le pousse à vivre en famille et en société ; c'est
dans ce milieu seulement que ses facultés peuvent s'é-
panouir. L'État ou l'ensemble des pouvoirs qui gouvernent et administrent la société n'a qu'un objet, c'est de
protéger tous les citoyens, afin que rien ne gêne l'activité, la pensée, la conscience de chaque individu. En
d'autres termes, l'État, quelle qu'en soit l'utilité et la
nécessité, n'a pas sa fin en lui-même ; c'est un moyen,
c'est une garantie. Ce n'est pas l'individu qui est fait
pour l'État, c'est l'État qui est fait pour l'individu.

En toute société il y a donc deux choses distinctes :
des droits individuels et des intérêts généraux. Les droits
individuels, chacun doit les respecter chez autrui pour
qu'on les respecte en sa personne ; les intérêts généraux
sont la chose commune. Mon travail m'appartient ; les
fruits de mon travail sont ma propriété, nul n'a le droit
d'y toucher ; mais la paix au dehors et la sécurité au
dedans, mais la forme du gouvernement, l'organisation

de l'armée ou de la justice sont d'une égale importance
pour tous les membres de la société. Qui peut régler ces
intérêts généraux? La raison, disent les doctrinaires;
mais comment constater la raison? Chacun prétend l'a-
voir de son côté. La force? Mais elle est souvent com-
pagne de l'injustice et de la violence. Reste donc le consentement général; à défaut du consentement général,
celui de la majorité. Il est permis de supposer que la
volonté du plus grand nombre est celle qui se rapproche
le plus de la justice et de la raison.

Voilà tout le mystère de la souveraineté du peuple.
C'est la suprématie de la volonté générale sur toute volonté particulière, dans les questions d'intérêt commun.
Qu'un peuple organise, suivant ses idées et ses besoins,
l'autorité à laquelle il confie la garde de la société, c'est
chose juste en soi, et, à vrai dire, c'est la seule conception du pouvoir qu'accepte l'esprit moderne. Nous ne
comprenons plus ni le droit divin des rois que Bossuet
a défendu, ni l'assimilation de la royauté à la propriété
que soutenait Fénelon.

Mais, qu'on le remarque bien, ce qui fait la légitimité
de la souveraineté populaire, c'est qu'elle est sous un autre nom la volonté du plus grand nombre. Elle a pour
objet d'empêcher le caprice d'un individu ou la tyrannie
d'une minorité. C'est donc le peuple en corps qui est souverain. Dès qu'il se partage, dès que la majorité disparaît, la souveraineté s'évanouit. C'est ce que reconnaissent toutes nos Constitutions républicaines, quoique en
général elles ne se conforment guère au principe si nettement proclamé. « La souveraineté, dit la Constitution de
l'an III, réside essentiellement dans l'universalité des citoyens. Nul individu, nulle réunion particulière de ci-

toyens ne peut s'attribuer la souveraineté. » L'acte constitutionnel du 24 juin 1793, écrit en style lapidaire, dit avec une énergie qu'on trouvera peut-être excessive : « La souveraineté réside dans le peuple ; elle est une et indivisible, imprescriptible et inaliénable. Aucune portion du peuple ne peut exercer la puissance du peuple entier. *Que tout individu qui usurperait la souveraineté soit à l'instant mis à mort par les hommes libres.* » On reconnaît ici la doctrine du tyrannicide, défendue par Aristote, et reçue comme un article de foi par les républicains de la Grèce et de Rome. Nous voilà retombés en pleine antiquité.

La souveraineté du peuple peut-elle s'exercer directement ? Sans aucun doute. Qu'est-ce que le suffrage universel, qu'est-ce que le plébiscite, sinon la souveraineté populaire en action ? Peut-elle se déléguer ? Non, dit Rousseau. Non, disent les jacobins de 1793, qui font ratifier par les Assemblées primaires les projets de loi présentés par le Corps législatif. Oui, disent les autres écoles républicaines, c'est ainsi que la souveraineté passe aux Assemblées. A mon avis, c'est une erreur capitale. Si l'on peut déléguer la souveraineté à une Assemblée, on peut tout aussi bien la déléguer à un individu. Les exemples de ce prétendu transfert de la souveraineté ne sont pas rares dans l'histoire. A l'imitation des Césars, Napoléon Ier se donnait comme le représentant et même comme l'unique représentant du peuple français. C'est sur le même fondement que Hobbes érige l'édifice du pouvoir absolu. L'effet le plus certain de cette délégation populaire, c'est de confisquer la souveraineté du peuple et d'enfanter le despotisme.

Voilà à quelles conséquences étranges aboutit la doc-

trine de la souveraineté des Assemblées, doctrine qui ne
repose que sur des faits mal observés ou mal compris.
— Le peuple, dit-on, exerce sa souveraineté par la législation, or le peuple ne peut pas préparer et discuter les
lois; il faut que des délégués le remplacent : donc ces
délégués sont souverains. — Ce raisonnement, passé à
l'état d'axiome dans les Assemblées, n'est qu'une suite
de sophismes qui ne soutiennent pas l'examen. Le pouvoir législatif appartient au souverain comme tous les
autres pouvoirs, mais il ne constitue pas à lui seul la
souveraineté. En chargeant des députés de préparer une
Constitution, de rédiger des lois, de voter l'impôt, de
contrôler le gouvernement, la nation leur confie sans
doute une grande autorité; mais si étendue que soit cette
autorité, c'est un mandat qui a des bornes; en d'autres
termes, c'est le contraire de la souveraineté. Ne voit-on
pas qu'avec le même argument on trouverait bien d'autres souverains que l'Assemblée? Le peuple, pourrait-on
dire, exerce sa souveraineté par le gouvernement, or, il
ne peut pas gouverner directement, il faut qu'un délégué
le remplace; donc, ce délégué est souverain. Il n'est pas
de fonction qu'avec la même logique on ne puisse transformer en souveraineté. Écartons cette métaphysique qui
n'a jamais servi en France qu'à colorer l'usurpation. Re-
connaissons le vrai principe de la démocratie. Le peuple
délègue, à de certaines conditions, les pouvoirs législatif,
exécutif, judiciaire; mais ce sont là des mandats dont il
fixe la limite; lui seul est souverain.

Prétendra-t-on que lorsqu'on parle de la souveraineté
des Assemblées on n'entend nullement dépouiller le
peuple de son droit suprême, mais qu'on veut dire simplement que la loi s'appliquant ou pouvant s'appliquer

à tout, la puissance législative est par sa nature même indéfinie et absolue? Ce serait déjà un tort d'employer un de ces mots inexacts qui excitent l'ambition des partis, mais croire que le pouvoir législatif n'a point de bornes est une erreur française. On n'admet rien de semblable dans les pays qui connaissent les conditions de la liberté.

Ouvrez une Constitution américaine, vous y trouverez toujours un chapitre intitulé : *Déclaration de droits*. Ce ne sont pas des leçons de morale, des apophthegmes prétentieux qui n'aboutissent à rien; ce sont des ordres donnés au législateur. Défense de toucher à la liberté religieuse, à la liberté de la presse, au jury, à l'*habeas corpus*, au droit de réunion, etc. Dans nos Constitutions nous mettons quelques-unes de ces prescriptions, mais nous les laissons à l'état de maximes banales. Rien ne s'oppose à ce que le législateur les viole impunément. Nous inscrivons le pouvoir judiciaire à côté du pouvoir législatif et du pouvoir exécutif, mais nous n'avons jamais compris que la magistrature n'est un pouvoir politique qu'à la condition de forcer les Assemblées à respecter la Constitution. Comment obtient-on ce résultat en Amérique? De la façon la plus simple, et sans faire du juge un rival du législateur, ce qui était le défaut de nos anciens Parlements. Toutes les fois que dans un procès il y a conflit entre la Constitution et la loi, c'est par la Constitution que le juge décide. Le législateur n'a pu excéder le mandat qu'il a reçu de la nation; la décision du magistrat le ramène à l'obéissance, et maintient la souveraineté du peuple au-dessus du caprice des Assemblées.

La Déclaration des droits commence par limiter la compétence législative en mettant à part presque toutes les libertés individuelles que l'État a pour mission de protéger. L'établissement de deux Chambres avec une origine également populaire et une autorité pareille, l'institution d'un pouvoir exécutif, indépendant par sa nomination et armé d'un véto suspensif, réduisent en fait l'action des Assemblées au règlement des intérêts généraux. Les députés américains ne sont pas ces bruyants personnages qui montent à l'assaut du pouvoir, et enflamment de leur passion un peuple avide d'émotions; mandataires, chargés des affaires communes, ils sont les serviteurs et non les maîtres du pays.

Mais comment limiter les pouvoirs d'une Assemblée constituante? Rien de plus aisé pour les Américains. D'abord ils ne chargent jamais cette Assemblée ni de gouverner, ni de légiférer. Ensuite, comme je l'ai déjà dit, ils soumettent à la sanction populaire le projet de Constitution et souvent même ils font voter séparément sur les différents chapitres du projet. Il ne se passe guère d'année qu'il n'y ait quelque part aux États-Unis une Convention chargée de réformer quelque constitution particulière. C'est là un fait habituel qui n'a jamais causé d'agitations ni de troubles chez un peuple qui entend régler lui-même ses institutions.

Tout se tient dans ce système qui est la pratique sincère de la souveraineté nationale. Le peuple, toujours maître de ses droits, ne craint pas qu'on y touche. Chacun des pouvoirs, maintenu dans l'obéissance par la Constitution, ne songe même pas à sortir des limites où la sagesse du législateur l'a enfermé. Il n'y a pas de querelles constitutionnelles aux États-Unis, et on n'y entend jamais parler de l'omnipotence des Assemblées.

En regard de cette vie paisible, de ce bon usage de la liberté, placez ces Assemblées soi-disant souveraines qui ont toujours la démangeaison de défaire ce qu'on a fait avant elles, et qui s'occupent beaucoup plus d'étendre leurs prérogatives et d'envahir le pouvoir que de donner au pays de bonnes lois et de favoriser le développement de l'éducation, du commerce et de l'industrie. Demandez-vous maintenant de quel côté est la vérité.

En France, le nom de république effraie beaucoup d'honnêtes gens qui vivent de leur travail ; ils se soucient fort peu de remonter sans cesse ce grand ressort du gouvernement qui se détraque toujours. En ce point, ils ont raison ; le premier besoin des sociétés modernes est la sécurité. Mais si la république ne nous a jamais donné la tranquillité dont nous avons joui sous la monarchie constitutionnelle et sous l'empire, la faute en est à cette funeste doctrine de l'omnipotence des Assemblées. Placez dans une Assemblée le pouvoir absolu, tous les partis, toutes les factions se jetteront sur cette proie qui les tente, et c'est en proclamant que le peuple est souverain que ses représentants l'asserviront.

Au contraire, qu'une bonne et sage Constitution limite les pouvoirs publics, en garantissant leur indépendance mutuelle, que la loi suprême maintienne le législateur dans l'obéissance, le pays prendra goût à des institutions qui lui assureront les biens qu'il désire. On parlera moins de liberté, on en usera davantage. Sortis enfin de nos querelles byzantines, nous aborderons franchement la pratique de la démocratie. Et peut-être alors comprendra-t-on que ceux qui défendent la souveraineté du peuple en combattant l'omnipotence des Assemblées ne sont ni des agitateurs ni des révolutionnaires, mais des patriotes sensés et de vrais conservateurs.

SIXIÈME LETTRE

LES DEUX CHAMBRES[1].

En essayant de démontrer que les Assemblées ne sont
pas souveraines, je ne me suis pas proposé uniquement
de combattre l'erreur funeste, la faute énorme qui, par
trois reprises différentes, a fait avorter la République en
France, j'ai voulu déblayer le terrain de la Constitution.
Tant que régnera le préjugé de l'omnipotence parlementaire, il sera impossible d'établir un gouvernement
régulier; nous ne sortirons pas des révolutions et des
coups d'État. On répète sans cesse que la division des
pouvoirs est la condition de la liberté; c'est une observation très-juste; mais peut-on dire que les trois pouvoirs sont séparés quand l'un est dominant et les deux
autres subalternes? Y avait-il autre chose que l'ombre
d'un pouvoir exécutif dans la Constitution de 1848, qui
ne reconnaissait même pas au Président un véto suspensif? Quand, au moyen d'une loi ou d'une simple résolution, l'Assemblée peut déclarer la paix ou la guerre,
changer la condition économique du pays, établir les
impôts les plus iniques, et forcer Président, ministres,

---

1. Voyez mon article sur les *Deux Chambres* dans les *Questions
constitutionnelles* et l'*Histoire politique des États-Unis*. Tome III,
leçons XII-XVI.

juges, à faire sa volonté, n'est-il pas visible que la vie, la liberté, la propriété des citoyens n'ont d'autre garantie que la sagesse douteuse de sept cents personnes sans responsabilité? En quoi une pareille république diffère-t-elle d'une monarchie absolue, sinon que dans la première on a sept cents maîtres et que dans la seconde on n'en a qu'un seul? Est-il certain qu'on gagne au change? Voltaire faisant la guerre au Parlement pour le compte de la royauté, disait (je cite de mémoire) : « Mieux vaut être mangé par un gros lion que par un millier de rats. » Il y a quelque chose qui vaut mieux encore, c'est de n'être mangé par personne. Mais pour obtenir cette complète sécurité, il faut maintenir les trois grands pouvoirs de l'État dans une indépendance mutuelle, c'est-à-dire dans une certaine égalité.

Cependant, s'il est une idée chère aux républicains de la vieille école, c'est cette confusion de la souveraineté parlementaire et de la souveraineté nationale, qui leur permet, quand ils sont les maîtres, de gouverner sans contrôle et d'abriter leur toute-puissance derrière le grand nom du peuple. Le seul régime qu'ils comprennent et qu'ils admirent, c'est celui de la Convention. On le verra quand on abordera une question qui, suivant toute apparence, divisera profondément les républicains; je veux parler de la question des deux Chambres. Les républicains modérés demanderont le partage du pouvoir législatif; les autres, restés fidèles à la tradition de 1792, se prononceront pour une Assemblée unique et souveraine. Renoncer à la dictature, ce serait pour le parti un abandon de sa foi politique; il serait puéril d'y compter. Mais il est bon de faire toucher du doigt l'erreur d'un système qui a toujours enfanté ce que Benjamin

Constant nommait avec raison une *tyrannie convul-
sive*[1].

La loi, disent les défenseurs de la Chambre unique, la
loi est l'expression libre et solennelle de la volonté générale; les représentants ne sont que les porte-voix de
la nation. Or, un peuple n'a pas deux volontés. A quoi
bon deux Chambres? Sont-elles du même avis, il y en a
une d'inutile; sont-elles d'un avis différent, la volonté
du peuple est annulée.

En 1848, cet argument a fait fortune, quoiqu'il passe
à côté de la question. On y a répondu en disant qu'à
supposer que la loi soit la volonté formelle du peuple, la
préparation de la loi est tout autre chose. Les Chambres
sont des conseils. Le nombre des conseils, non plus que
celui des conseillers, n'empêche en rien l'unité de la
décision finale. Qu'il y ait une seule Assemblée comme
aujourd'hui, deux Assemblées comme en 1830, trois
comme dans la Constitution de l'an VIII, quatre comme
dans l'ancienne Constitution suédoise, il n'y aura toujours qu'une seule loi, et par conséquent qu'une seule
volonté.

Les défenseurs d'une Chambre unique s'arrêtent à
moitié chemin. Si la loi est la volonté même du peuple,
il faut en arriver au mandat impératif, ou, mieux encore,
il faut prendre modèle sur la Constitution de 1793 et
faire voter chaque loi par les assemblées primaires. Autrement, qui peut assurer que la loi réponde au vœu
populaire? N'y a-t-il pas cent exemples de lois et même
de Constitutions que l'opinion n'accepte point? Est-
il rare de voir des républicains protester au nom du

1. *Cours de Politique constitutionnelle.* Tome Ier, page 280.

peuple contre les lois adoptées par l'Assemblée? Il y aurait donc des cas où la loi serait la volonté du peuple, et d'autres où elle ne le serait pas? A quelle marque les reconnaître? Qui sera juge? Nous sommes en pleine confusion.

Rentrons dans la vérité des choses. Une Assemblée n'est pas et ne peut pas être le peuple incarné; elle est simplement un grand conseil national chargé, sous sa propre responsabilité, de faire les lois les plus sages et les plus utiles. On peut dire que la loi est la volonté du peuple en ce sens qu'étant faite par les mandataires de la nation, personne ne peut refuser d'y obéir; mais c'est une fiction légale qu'il ne faut pas étendre trop loin : il n'est pas permis d'en conclure à l'identité du peuple et de ses représentants.

S'il en est ainsi, la division du pouvoir législatif n'est plus une question de souveraineté, mais de bon gouvernement. La Chambre, ou les chambres remplissent une fonction politique; elles sont chargées de faire les lois, de voter les impôts, de contrôler l'administration; c'est un rôle considérable, un poste de confiance, mais il ne faut plus faire sonner si haut le nom du peuple. On n'est pas la nation parce qu'on a l'honneur de la servir. Est-ce avec une seule Assemblée, est-ce avec deux Assemblées qu'on obtiendra la meilleure confection des lois, le meilleur vote de l'impôt, le meilleur contrôle de gouvernement, voilà tout le problème; il est depuis longtemps résolu. Une expérience chèrement achetée a appris à nos pères qu'une Assemblée unique fait rarement de bonnes lois, qu'elle vote les impôts avec peu de prudence, et qu'enfin, au lieu de contrôler le gouvernement, elle l'absorbe ou s'efface devant lui.

Il y a, du reste, les raisons les plus fortes pour diviser le pouvoir législatif. Quelques-unes de ces raisons, et non pas les moins considérables, sont peu connues en France et méritent l'attention la plus sérieuse. Dès qu'on nous parle d'une seconde Chambre, d'un Sénat, notre instinct d'égalité se révolte; nous sommes tentés de crier à l'aristocratie. Il faut voir les choses de près; c'est dans l'intérêt de la souveraineté populaire, c'est pour le maintien même de l'égalité qu'il est indispensable d'avoir deux Chambres. J'oserai dire que l'institution est plus nécessaire dans une république que dans une monarchie, parce qu'il est plus facile aux partis d'usurper l'autorité d'un peuple que celle d'un roi.

Il est un point sur lequel on tombe aisément d'accord, c'est qu'il faut une double discussion des lois si l'on veut éviter des erreurs et des fautes regrettables. Quiconque a vécu dans une assemblée unique sait à quoi s'en tenir sur les inconvénients de la précipitation. Pour parer à ce danger trop visible, on a emprunté aux Anglais l'idée de soumettre la loi à trois lectures successives. Cela n'empêche point qu'au dernier moment, quand la Chambre est fatiguée ou passionnée, un amendement improvisé n'entre par surprise dans la loi et n'en altère l'esprit. Ce qui n'est pas moins grave : le budget, les impôts, les mesures politiques les plus importantes sont votées du premier coup. Une déclaration d'urgence dispense l'Assemblée de réfléchir à deux fois sur les lois mêmes qui demandent le plus d'attention. Et cela chez un peuple qui ne sait point résister à son premier mouvement.

En 1848, on a imaginé un conseil d'Etat chargé d'enseigner la sagesse au législateur. C'était une création bâtarde qui ne pouvait réussir. Une Assemblée, chatouilleuse à l'excès sur ses prérogatives, ne se laissera jamais faire la leçon par un corps politique qui n'est point sorti comme elle des entrailles du pays. Pour que le double vote des lois et le double contrôle du gouvernement s'exercent de façon efficace, il faut que les deux Chambres aient une même origine. L'égalité des deux Assemblées est pour la nation un gage de sécurité que rien ne peut remplacer.

Ce qui trompe sur l'utilité législative d'une seconde Chambre, c'est que le plus souvent elle accepte les décisions de l'autre Chambre, et qu'en général elle fait moins de bruit. On ne se rend pas compte que l'idée seule du contrôle suffit à maintenir le Corps législatif dans les bornes de la modération. Une seconde assemblée est un obstacle à la témérité, aux caprices, aux emportements de la première : cela suffit. Nous avons des verrous à nos portes, cependant il semble que personne ne menace nos maisons; ces verrous sont-ils inutiles? Non, c'est la certitude de leur présence qui décourage les envahisseurs.

Ce double contrôle n'assure pas uniquement la bonté des lois, il est d'un grand intérêt politique. Pour qu'on respecte la souveraineté du peuple et la liberté des citoyens, il faut qu'on ne puisse même pas avoir la tentation d'usurper. C'est là le rôle tutélaire qu'une seconde Chambre peut seule remplir. Il n'y a que le pouvoir qui limite le pouvoir. Tout règlement est sans force, toute barrière intérieure sans effet; il est si facile à une Assemblée de briser ce qui la gêne quand rien ne borne sa volonté! Mais on ne supprime pas une seconde Chambre, nommée par la nation; il faut compter avec elle et d'autant plus qu'un corps politique, naturellement jaloux de son autorité, n'entend pas qu'on empiète sur des droits qui sont les siens, puisqu'il est chargé de les défendre. C'est de cette façon qu'une seconde Assemblée est le plus solide rempart de la Constitution et de la liberté.

Elle rend au pays un autre service non moins considérable. C'est elle qui, en arrêtant les empiétements législatifs, protége l'indépendance légitime du pouvoir exécutif. Sur ce point, nous avons les idées les plus fausses. Longtemps conduits par des maîtres absolus, nous nous sommes habitués à regarder le pouvoir comme un ennemi. Nous nous croyons libéraux quand nous faisons de l'opposition. Il est temps de voir que ce sont nos affaires que gère le gouvernement. Il est la force au dehors, la justice au dedans. C'est lui qui veille pour nous ; c'est à son ombre que nous travaillons ou que nous jouissons des fruits de notre travail. Est-il menacé, tout vacille ; la sécurité disparaît et la liberté avec elle. Au fond de nos société modernes, il y a des passions mauvaises qui grondent sans cesse ; la civilisation n'est qu'à la surface ; tout bouillonne au-dessous. Vienne un ébranlement, une fissure, l'éruption n'est pas loin. Nous avons donc tout intérêt à avoir un gouvernement fort, c'est-à-dire un gouvernement dont rien n'entrave l'énergie sur le terrain que la loi lui assigne. Il faut qu'il soit tout à la fois responsable, limité dans ses attributions, et tout-puissant dans son domaine. On oublie trop en France que le gouvernement représente le peuple tout autant que les Assemblées. Il a une autorité différente, mais non pas inférieure ; à lui l'action, aux Chambres le contrôle. Malheur au pays où le pouvoir législatif s'empare du gouvernement ! c'est l'anarchie avec son terrible cortége. Mais pour empêcher cet envahissement, on n'a encore trouvé qu'un moyen , c'est le partage du Corps législatif. Comment le président se défendrait-il contre une Chambre unique et toute-puissante? Où serait son point de résistance? Lui donnera-t-on un véto suspensif? Avec deux Chambres, le véto est un appel à la modération des Assemblées, et en dernier ressort au pays. Avec une seule, c'est un défi jeté au souverain. On a bientôt fait de briser l'obstacle; Louis XVI en fit la triste expérience. Mais s'il avait eu l'opinion pour lui, il est trop visible qu'il aurait brisé l'Assemblée. En maintenant la Constitution, en forçant chacun des pouvoirs à respecter la loi qui le régit, une seconde Chambre empêche d'en venir à ces extrémités funestes; elle est tout ensemble la garantie de la paix publique et d'un bon gouvernement.

Reste enfin une considération des plus graves. Dans une république, il faut un Sénat, non-seulement comme pouvoir législatif, mais comme pouvoir conservateur. Le Sénat est la pierre angulaire de la démocratie, le seul fondement sur lequel on puisse asseoir un État populaire avec quelque chance de durée. Il n'est pas une république de l'antiquité ni des temps modernes dont la fortune n'ait été liée à la puissance ou à la faiblesse d'une Assemblée de cette espèce. Ce nom même de Sénat réveille le souvenir de la grandeur romaine. Il n'est pas permis d'oublier que du jour où les tribuns, égarant le peuple, trouvèrent moyen d'annuler le grand conseil de la république et de faire voter les lois dans l'unique assemblée des tribus, la démocratie courut droit à la violence et passa rapidement de Marius à César. La liberté romaine tomba avec l'autorité du Sénat.

Il y a là une loi naturelle qu'on ne viole pas impunément. Dans une république, les pouvoirs politiques sont nommés pour un temps assez court ; ils disparaissent à jour fixe ; c'est une mobilité incessante. Cependant nous vivons du passé plus que du présent, qui n'est qu'un point dans la durée. Il faut donc dans l'État un élément politique qui conserve et maintienne la tradition. Dans une monarchie, c'est le roi et son conseil qui représentent la perpétuité ; dans une république, c'est le Sénat. Aux États-Unis, le Sénat est le pouvoir le plus considérable et le plus respecté ; c'est lui qui fait la force du gouvernement ; l'affaire de l'*Alabama*, suivie pendant dix ans, en est la preuve. Combien une pareille autorité serait-elle plus nécessaire en France ? Menacés par un ennemi que rien n'arrête, entourés de peuples qui peuvent être tour à tour des adversaires ou des alliés, pouvons-nous vivre sans diplomatie, sans armée, sans administration, sans finances, sans commerce ? ou, ce qui revient au même, pouvons-nous changer tous les quatre ans nos alliances, notre système militaire, administratif, financier, commercial ? Ne faut-il pas qu'au-dessus et en dehors des courants variables de l'opinion il y ait un lieu sûr où l'on garde en dépôt la fortune de la France ? C'est au Sénat qu'appartient ce rôle qui en fait le premier corps de l'État ; c'est de la bonne organisation de cette Assemblée que dépend l'avenir des institutions que nous essayons d'établir. Le Sénat est le lest de la république. Sans un Sénat, la démocratie, mal équilibrée, sera ingouvernable et sombrera au premier écueil.

Voyons maintenant comment on peut organiser chacune des deux Assemblées.

De la Chambre des Représentants j'ai peu de chose à dire. On peut, je crois, sans inconvénient, renvoyer à la loi électorale quelques-unes des plus gros problèmes, tels

que le nombre des députés, le scrutin de liste, la durée
de l'Assemblée, le mode de renouvellement, etc. C'est
ainsi qu'on fait aux États-Unis, où, de cette façon, il est
aisé de proportionner la représentation nationale au
chiffre de la population, sans être obligé de toucher à la
Constitution. En France, au contraire, on a presque toujours été gêné par des dispositions qui enchaînaient
l'avenir. Il a fallu tourner la Charte de 1814 pour abolir
le renouvellement de la Chambre par cinquième, expressément ordonné par l'article 37. Le cens électoral, inscrit
dans le même Acte, a été un obstacle aux mesures
qui auraient peu à peu fait descendre la vie politique
dans les profondeurs de la société. Du reste, ce sont là
des questions qui, malgré leur importance, ne touchent
pas essentiellement à la constitution de la république; je
me contente de les indiquer.

Je dirai seulement qu'une Assemblée de sept cent
trente membres est trop nombreuse. Comment discuter
sérieusement et délibérer avec maturité au milieu d'in-
terruptions, de murmures, d'agitations inévitables? Sans
doute, il ne faut pas qu'une Assemblée politique soit un
salon; on aurait trop à compter avec l'intérêt privé et les
combinaisons particulières; mais il ne faut pas non plus
qu'elle soit une foule, car la passion en bannit la raison.
Avec 38 millions d'âmes, les Américains n'ont que 292
députés; c'est un représentant pour 130000 habitants.
Je n'irai pas aussi loin, parce qu'il faut tenir compte des
habitudes françaises, mais je regarde le chiffre de 450
à 500 députés comme le *maximum* d'une Chambre qui a
l'intention d'écouter ceux qui lui parlent et de voter en
sachant ce qu'elle fait. Il est vrai qu'en Angleterre il y
a 650 membres du Parlement; mais en général on dis-

cute les lois en comité, en présence de ceux qui s'y inté-
ressent, et il suffit de quarante députés pour constituer
un *quorum*, c'est-à-dire une majorité suffisante. Ce
n'est qu'à l'occasion des grandes mesures politiques que
l'Assemblée est au complet. En pareil cas, sur des questions où l'opinion est faite, le nombre a peu d'inconvénient. On ne vient pas pour discuter, mais pour voter.

L'organisation du Sénat soulève un problème plus délicat.

Quel sera le mode d'élection! On peut en proposer
plus d'un; on peut chercher dans l'âge, dans l'expérience, dans les services, dans la fortune même des sénateurs une garantie de sagesse et de modération; mais, à
mon avis, tous ces essais seront stériles, sinon même
dangereux. On échouera comme on l'a déjà fait avec la
pairie constitutionnelle et le Sénat impérial. Pour qu'un
Sénat fasse contre-poids à l'autre Chambre, il faut nécessairement que son origine ne soit pas moins populaire,
autrement l'opinion ne l'adoptera pas; au lieu d'être une
force, il sera une faiblesse et un embarras. Je n'hésite-
rais donc pas à faire nommer les sénateurs par le suffrage universel. Qu'on ne m'oppose pas le Sénat fédéral
d'Amérique. Cette Assemblée, par suite d'un compromis,
représente la souveraineté des États; il est donc naturel
qu'elle soit nommée par la législature des États. Si l'on
veut trouver un exemple qui nous instruise, ce sont les
États particuliers de la Confédération qu'il faut étudier.
Là aussi on a senti la nécessité d'un Sénat, mais, avec
l'expérience de la démocratie, on le fait nommer par les
électeurs ordinaires. La seule différence, c'est que les sénateurs étant trois fois moins nombreux que les députés
(c'est la règle générale), les districts ou arrondissements

sénatoriaux sont trois fois plus larges que les districts électoraux. On obtient ainsi des hommes qui ont une notoriété plus grande, ce qui suppose une certaine supériorité. Admettez qu'en France chaque département élise un sénateur (sauf à donner une double représentation aux départements les plus peuplés), il est visible que pour faire adopter un candidat par soixante ou cent mille électeurs, sans scrutin de liste, sans coalition de partis, il faudra choisir un personnage connu et dont le nom soit accepté par l'opinion.

Serait-ce assez pour la France ? Ce qui convient aux États-Unis nous suffirait-il ? Je ne le pense pas. Si l'on veut assurer l'influence politique du Sénat, je crois qu'il faut lui donner des racines plus profondes et plus étendues. La France est obligée, par sa situation, d'avoir une armée nombreuse, une administration puissante ; elle a de grands intérêts agricoles, industriels, commerciaux; elle aime les arts, les lettres, les sciences ; il serait bon que chacun de ces éléments de la vie nationale pût entrer au Sénat par élection spéciale. Les partisans de l'uniformité à outrance diront que ces nouveaux élus, quelle que soit leur valeur personnelle, ne parleront pas au nom du peuple, et qu'on aura deux classes de sénateurs qui n'auront ni la même origine ni le même caractère. Si l'on veut dire que des sénateurs ainsi nommés représenteront autre chose que le nombre, on a raison, mais dans un pays comme le nôtre c'est un malheur que le nombre seul soit représenté. L'Angleterre reçoit dans son Parlement les élus des Universités et ne s'en trouve pas plus mal. D'ailleurs sur ce terrain même il faut s'entendre; le chiffre des électeurs qui ont voté pour un candidat n'est pas la mesure exacte de ce que ce candidat représente. Quand un sénateur, nommé par les Sociétés d'agriculture, défendra l'intérêt de la terre, n'aura-t-il pas derrière lui les trois quarts de la France? Quand l'élu de l'Académie de Médecine traitera une question d'hygiène publique ou s'occupera de l'organisation médicale de l'armée, n'aura-t-il pas une autorité toute particulière, qui tiendra à la nature même de son élection? Il y a en France des hommes supérieurs par le talent, l'expérience, les connaissances acquises, les services rendus; ils sont l'honneur de la nation et sa force véritable; mais ils ne sont jamais mêlés aux agitations politiques, les partis les délaissent, les journaux ne s'en occupent guère; il faut, par des élections spéciales, attirer ces esprits et ces caractères d'élite et les enrôler au service de la France; il faut composer un grand conseil national qui soit accepté par l'opinion comme la plus parfaite représentation du pays. Si l'on peut organiser un Sénat dans ces conditions, j'aurai plus de confiance dans l'avenir de la République.

Comment donner au Sénat l'esprit de suite? Dans une république où tout pouvoir est de courte durée, comment créer un corps qui maintienne la tradition? Les Américains ont résolu le problème, autant du moins qu'on peut le résoudre dans les démocraties modernes, qui n'acceptent même pas une autorité viagère. Il est d'usage aux États-Unis, que le Sénat (aussi bien le Sénat fédéral que celui d'un État particulier), dure trois fois autant que la Chambre des Représentants et se renouvelle par tiers à chaque élection de députés.

Dans la Constitution fédérale, par exemple, la Chambre des Représentants est nommée pour deux ans, et le Sénat pour six, avec renouvellement partiel tous les deux ans. Supposons qu'en France, la prochaine Constitution adopte trois ans pour la durée de la Chambre des Députés, on aurait un Sénat nommé pour neuf ans. Supposons encore que ce Sénat, qui ne doit pas être nombreux si l'on veut qu'il ait une grande autorité, soit composé de cent cinquante membres, il y aurait tous les trois ans cinquante places vacantes au Sénat. L'expérience des États-Unis permet de croire que, sur les cinquante sénateurs sortants, la moitié au moins serait réélue. Il y aurait donc tous les trois ans vingt-cinq membres nouveaux entrant dans une Assemblée de cent cinquante personnes. C'en est assez pour que l'esprit nouveau s'infiltre peu à peu dans le corps politique. C'est en même temps une garantie donnée au pays contre ces volte-faces subites qui du jour au lendemain changent de fond en comble le gouvernement de la France, et font de nous un peuple sans passé et par cela même sans avenir.

En proposant cette organisation du Sénat, je m'attends à plus d'une objection. C'est une nouveauté en France, et, de plus, cette nouveauté est contraire aux préjugés révolutionnaires. Il y a là tout ce qu'il faut pour prêter le flanc à la critique. Mais j'aurai atteint mon but si j'ai signalé l'écueil où nos devanciers ont fait naufrage. Il ne faut pas croire qu'on fondera la république avec de belles paroles. Le pays est las de vains discours; il a besoin de sécurité, il lui faut des institutions qui lui garantissent un lendemain. Le grand problème est donc d'établir quelque part dans la Constitution une assise assez forte pour porter un gouvernement régulier; nous ne pouvons passer sans cesse de la dictature d'un homme à celle d'une Assemblée. Il n'y a, selon moi, qu'un Sénat qui puisse nous mettre à l'abri de ce double danger. L'exemple des États-Unis est assez beau pour qu'on puisse compter sur le succès en l'imitant. A-t-on quelque chose de mieux à proposer à la France? Qu'on le fasse, afin que l'opinion puisse se prononcer. Mais là est la grande difficulté que rencontre une Constitution républicaine; ce n'est pas la résoudre que de la négliger. J'appelle sur ce point l'attention de ceux qui s'inquiètent de notre avenir.

SEPTIÈME LETTRE

Quand un pays passe brusquement de la monarchie à la république, il se trouve en face d'un problème difficile : l'organisation du pouvoir exécutif. La veille on avait un chef héréditaire, irresponsable en droit ou en fait; le lendemain il faut confier le gouvernement à un simple magistrat, élu pour quelques années et toujours responsable. Au lieu d'un prince qui sent que sa fortune et celle de sa race sont attachées à la fortune de l'État, on a un homme qui ne détient la puissance publique qu'en passant; ce n'est, à vrai dire, qu'un pilote, embarqué pour quelques jours sur le navire qu'il conduit. Si patriote, si intelligent que soit le président d'une république, il a un rôle de trop courte durée pour représenter, comme la royauté, cet élément de stabilité qui est nécessaire en toute société. C'est ailleurs qu'il faut placer le dépôt de la tradition et l'esprit de conservation.

1. Voyez, *Histoire politique des États-Unis*, t. III. Leçons XVII, XVIII.

Constituer le pouvoir exécutif est donc une œuvre qui demande une prudence extrême. Ce n'est pas chose aisée que d'amener un peuple à rompre avec des habitudes séculaires, surtout quand ce peuple a peu de goût pour la vie politique et s'inquiète moins de choisir ses chefs que de les critiquer. En général, l'essai n'a pas été heureux en France; il est vrai que nos législateurs ont singulièrement ajouté aux difficultés de la situation en réduisant à rien le pouvoir exécutif par haine de la vieille monarchie. En 1791, les constituants ont fait du roi un fétiche impuissant; en 1793, des comités, gouvernant dans l'ombre, ont livré la France aux jacobins; de 1795 à 1799, cinq directeurs, divisés entre eux, en lutte avec les Conseils, ne se sont maintenus que par des coups d'État et ont fini par tomber sous l'indignation et le mépris universels. En 1848, le Président était constitutionnellement le serviteur de l'Assemblée et du Conseil d'État. Il n'y a qu'en l'an VIII que Siéyès et Bonaparte ont organisé fortement le pouvoir exécutif; mais ils lui ont tout donné. Aussi a-t-il fallu peu d'efforts pour transformer la république consulaire en empire romain. Las du désordre, épuisé par l'anarchie, le peuple français avait le dégoût de cette prétendue liberté qui ne profitait qu'à une poignée d'agitateurs. Dans sa fureur d'obéissance, il retournait en deçà de la royauté paternelle de Louis XVI.

Aujourd'hui la question reparaît; il nous faut constituer le pouvoir exécutif. Serons-nous plus heureux ou plus sages que nos pères? Nous sommes sur un terrain glissant; l'expérience des États-Unis n'est pas suffisante, car nous sommes placés dans d'autres conditions. La France est un pays de centralisation; l'administration a

besoin d'un chef; l'armée, quel que soit son patriotisme, n'est pas habituée à obéir à un monsieur en habit
noir : elle accepte comme un des siens M. Thiers, qui
l'a toujours défendue, mais il est à craindre qu'elle n'ait
pas le même respect pour un avocat. Comment organiser
un pouvoir assez fort pour gouverner le pays, et qui cependant ne puisse abuser des forces énormes qu'il a
 ans la main pour usurper l'autorité ou pour la sacrifier
aux misérables intérêts et aux passions d'un parti?

Que fera-t-on? L'école de 1793, dont les doctrines
sont répandues parmi les ouvriers des villes, osera-t-elle
nous proposer le gouvernement anonyme et irresponsable des comités? Pourquoi non? Dès qu'on admet la
souveraineté d'une Assemblée unique, on doit en arriver
là? La dictature ne se partage point. Des comités tout-
puissants, des ministres comme ceux de la Convention,
c'est-à-dire des commis ou plutôt des valets tremblant
devant un maître jaloux et soupçonneux, tel est l'idéal
de cette république démocratique et sociale dont on nous
menace dans l'avenir. Il ne faudrait pas trois mois d'un
pareil gouvernement pour ramener la France au pouvoir
absolu.

Si l'Assemblée actuelle fait une Constitution, ces souvenirs de la Convention ont peu de chance de succès. Il
est plus que probable qu'on établira un Président à la
tête de la République. La position qu'occupe M. Thiers,
les services qu'il a rendus, la confiance que le pays lui
témoigne, indiquent assez qu'il faut régulariser ce
qui existe, et non pas essayer de vains systèmes.
L'expérience, d'ailleurs, a dû nous apprendre que le
peuple français est comme une armée, il lui faut un
chef visible. La loi n'est pour nous qu'une abstraction,

un mot vide de sens; il nous faut un homme qui soit
l'incarnation de la loi, et de la force au service de la
loi.

Que sera le Président? Un premier ministre aux ordres de l'Assemblée? Nous en sommes là; nous voyons
les inconvénients et les dangers d'une telle combinaison.
Et cependant l'Assemblée, élue au lendemain de nos désastres, est sage, timide, toujours prête à céder par
crainte des agitations. Le Président est un homme émi-
nent, dont l'expérience et l'habileté sont universellement
reconnues. Il est soutenu par l'opinion, il a le pays
derrière lui. Chacun sent néanmoins que ce gouvernement est fragile. Que serait-ce si on avait une Assemblée
turbulente, passionnée, en face d'un Président incapable
de résister aux partis? On en arriverait tout droit à la
Convention.

Il faut rompre avec ces vieilles erreurs; il faut en finir
avec la prétendue souveraineté de l'Assemblée. Le corps
législatif n'est ni au-dessus ni au-dessous du Président;
les deux pouvoirs se valent, ils ont chacun leur domaine.
Le Président gouverne au nom de la nation, et c'est au
même nom que l'Assemblée fait les lois, vote l'impôt et
contrôle le gouvernement. Il ne s'agit donc nullement
de subordonner une des deux autorités, mais, tout au
contraire, de les faire marcher d'accord sur un terrain
parallèle. C'est de cette façon seulement qu'elles sont
toutes deux protectrices de l'ordre et de la liberté.

Quelles seront les attributions du Président? Il aura
d'abord les prérogatives qui appartiennent nécessairement au chef de l'État. Il représente le pays à l'égard
de l'étranger, il maintient la paix intérieure, il admi-
nistre les intérêts généraux; il a donc sous ses ordres

la diplomatie, l'armée, la marine, la magistrature, et tout cet ensemble de fonctionnaires qui constituent le gouvernement. Est-ce assez? Non, il lui faut une garantie particulière, afin que les Assemblées n'abattent pas à coups de lois l'autorité que la nation lui a confiée. Cette garantie, c'est le véto suspensif. En ce point, il n'y a qu'à copier la Constitution des États-Unis, qui a sagement ménagé les droits du pouvoir exécutif et les droits non moins respectables des représentants du pays.

Toute loi votée par les deux Chambres doit être portée au Président; s'il l'approuve, il la signe, et on la promulgue; s'il ne l'approuve pas, il la renvoie avec ses objections à la Chambre qui l'a présentée. Cette Chambre procède à un nouvel examen. Si les deux tiers des membres sont d'accord pour voter la loi, elle est envoyée à l'autre Chambre, qui doit, elle aussi, l'examiner une seconde fois, et la voter aux deux tiers des voix. Dans ce cas, la loi n'a plus besoin de l'approbation du Président. Mais le vote doit avoir lieu par *oui* ou par *non*, c'est-à-dire qu'on fait connaître au public le nom des votants, comme cela a lieu pour nos scrutins. On veut que le pays puisse juger ses représentants. Cette procédure a donné de bons résultats en Amérique, grâce à la sagesse du Sénat qui, en temps ordinaire, se range à l'avis du Président et ajourne ainsi la loi à une autre session. L'opinion n'est nullement hostile à cette prérogative du pouvoir exécutif. On considère le véto comme un appel au peuple; c'est à la nation qu'on s'en remet du soin de prononcer entre le Président et les Assemblées.

Le Président sera responsable; cela ne fait pas question. J'espère qu'on réglera cette responsabilité comme on l'a fait aux États-Unis. La Chambre des Députés aura le droit d'accuser le Président devant le Sénat; mais le Sénat ne pourra prononcer qu'une peine politique, c'est-à-dire la destitution et l'incapacité de remplir un emploi public. S'il y a un crime de droit commun : trahison, concussion, etc., c'est au jury, c'est-à-dire à la nation qu'il appartient de juger l'accusé. Point de tribunaux d'exception, sous quelque nom que ce soit.

De quelle façon, avec quels auxiliaires gouvernera ce magistrat responsable? Voilà le point délicat.

Pour beaucoup de personnes qui n'ont pas abandonné les idées et les habitudes monarchiques, le problème est simple. On suivra les errements de la monarchie constitutionnelle. Le Président choisira dans les deux Chambres un ministère qui sera l'expression de la majorité parlementaire. Le cabinet gouvernera avec le concours de la majorité et se retirera quand ce concours lui manquera.

Pour prouver qu'un pareil système n'a rien d'incompatible avec la République, on pourrait citer l'exemple des colonies anglaises, qui se gouvernent elles-mêmes avec un succès merveilleux. Le Canada, l'Australie, pays de pure démocratie, sans noblesse, sans Église établie, sont de vraies républiques, à cela près que le gouverneur qui fait fonctions de Président leur est envoyé par la métropole.

Mais il faut remarquer que ce gouverneur n'est pas responsable; c'est le représentant de la reine, un roi constitutionnel au petit pied. Et d'ordinaire, c'est lui qui choisit et compose le Chambre haute ou Sénat. Un Président nommé par le peuple, ou, s'il est élu par les Chambres, indépendant après son élection, un Président responsable se contentera-t-il du rôle d'arbitre entre les diverses fractions du corps législatif? Représentant d'une opinion, choisi comme le chef d'un parti, s'effacera-t-il derrière le ministère que les Chambres lui donneront? S'il n'est pas d'accord avec elles, ne peut-il pas se faire qu'on lui impose un cabinet qui, lui ôtant l'action, lui laisserait la responsabilité? Qu'en y mettant de part et d'autre beaucoup de bon vouloir on puisse faire marcher ce gouvernement comme une monarchie constitutionnelle, je ne le nierai pas; mais, avec l'effervescence et les prétentions des Chambres françaises, j'y vois de grandes difficultés. M. Thiers nous a appris qu'un roi constitutionnel régnait et ne gouvernait pas; j'ai peine à me figurer M. Thiers, Président constitutionnel, recevant la loi de ses ministres et se condamnant à régner.

Les Américains ont soigneusement gardé les usages constitutionnels d'Angleterre qui pouvaient s'accommoder à la démocratie; la plupart de leurs institutions sont venues de la Grande-Bretagne avec les premiers émigrants, mais, en ce point, ils n'ont pas suivi l'exemple de la mère-patrie; ils ont mis l'administration en dehors des Chambres. Les ministres ne font pas partie du corps législatif, le Président ne communique avec lui que par message. Le Sénat a sans doute une certaine influence sur le choix des principaux fonctionnaires, je le dirai plus loin; mais il n'y a pas aux États-Unis ce contrôle de tous les jours, ce gouvernement en commun dont les Assemblées usent et abusent dans les États constitutionnels. Chez les Anglais, c'est en Parlement que la reine gouverne : le siége de son pouvoir est dans les deux Chambres. En Amérique, le Président gouverne seul, sauf sa responsabilité et sauf l'action des lois qui peuvent jusqu'à un certain point réduire ou diriger l'administration. Les publicistes anglais n'ont pas manqué de remarquer, à l'avantage de leur Constitution, qu'en Angleterre, l'opinion, quand elle est nettement prononcée, peut du jour au lendemain renverser un ministère et faire triompher la volonté de la nation, tandis qu'aux États-Unis un Président, entêté ou borné, peut tenir en échec durant plusieurs années et les Chambres et le peuple même qui l'a nommé. Le problème, néanmoins, est plus compliqué qu'ils ne le supposent; il faut savoir si les Américains n'ont pas cédé à une nécessité de situation.

A consulter les précédents de notre histoire, nous ne trouverons pas la solution que nous cherchons. En 1790, on a exclu de l'Assemblée les ministres, malgré l'insistance de Mirabeau, qui s'était promis d'arriver au ministère pour réconcilier la royauté et la liberté; cette exclusion a été malheureuse; l'Assemblée, n'ayant plus de part dans le gouvernement, l'a démoli à coups de décrets. En 1848, le Président, acceptant un cabinet parlementaire, s'est plaint d'avoir les mains liées par l'Assemblée. Et comme en France on fait toujours de l'opposition au gouvernement, surtout quand c'est une Chambre qui gouverne, tous les mécontents se sont rangés derrière le Président, et, par leur approbation, lui ont fait croire qu'il pourrait impunément renverser l'Assemblée. Aucun des deux systèmes n'a donc réussi.

Aux États-Unis on trouve quelques inconvénients à la séparation absolue de l'administration et des Assemblées. La Constitution que la Confédération du Sud s'était donnée en se séparant de l'Union décidait que les ministres pourraient toujours être mandés et entendus par les Chambres, mais on n'allait pas plus loin. Les Amé-

ricains sont d'accord en ce point qu'un cabinet parlementaire détruirait la balance des pouvoirs, annulerait
le Président au profit des Assemblées et paralyserait
l'administration. Ils ne veulent à aucun prix de ces rivalités intéressées qui seraient une cause perpétuelle de
troubles et d'agitation dans un pays où les partis n'ont
pas, comme dans la Grande-Bretagne, des chefs hérédi-
taires et une organisation hiérarchique. Enfin, faut-il le
dire? ils ont peu de goût pour ces luttes théâtrales qui
amusent un peuple avide d'émotions; ils ne croient pas
que parler soit agir et qu'un habile avocat soit par cela
même un grand ministre. En somme, ils reconnaissent
comme nous l'influence des Assemblées, mais ils s'en
tiennent là et répètent volontiers le mot de Washington :
L'influence n'est pas le gouvernement.

J'ai signalé la difficulté, je n'ai pas la prétention de
la résoudre. Tout dépend de l'importance qu'on attribue
aux Assemblées, du rôle qu'on leur assigne. Si l'on entend leur laisser une part directe dans le gouvernement,
il faut garder le régime parlementaire, moins l'hérédité
royale, mais il faut le garder tout entier; en d'autres
termes, il faut reconnaître au Président le droit de dissoudre la Chambre et d'en appeler au pays. Il implique
qu'une Assemblée mette en échec un Président responsable, lui impose ses créatures, entrave l'administration,
souffle la discorde et force la nation tout entière à plier
devant ses caprices. C'est à la France qu'il faut réserver
la décision suprême. Tout doit céder devant son jugement.

Si, au contraire, on trouve que le gouvernement des
Assemblées ne nous a pas porté bonheur; si l'on croit
que, dans les renversements de ministères et même dans

la chute des dynasties, les ambitions et les jalousies personnelles ont eu plus de part que les griefs du pays, on séparera l'administration et la législation. On le fera encore si l'on prétend constituer un pouvoir fort, si l'on veut que le Président, maintenu dans le respect des lois par la surveillance des Assemblées, se livre tout entier aux soins du gouvernement, au lieu de perdre son temps à conjurer des orages parlementaires. En deux mots, si l'on pense qu'aujourd'hui les dangers du dehors commandent de rassembler l'administration dans une main énergique, on se rapprochera du régime américain, sauf à en modifier quelques détails : on ne mettra pas le gouvernement dans les Chambres et on ne connaîtra pas d'autre responsabilité que celle du Président.

Mais, en ce cas, si l'on veut parer au danger d'une séparation absolue, il sera bon d'emprunter à la Constitution des États-Unis une de ses dispositions les plus sages. Il faut attribuer au Sénat un droit de véto sur la nomination des principaux fonctionnaires : ministres, ambassadeurs, consuls, juges de la Cour suprême, etc., de façon à se mettre en garde contre les visées particulières ou l'ambition d'un Président. On maintiendra l'accord des deux pouvoirs en empêchant le Président d'entrer en lutte avec le grand conseil de la nation. Il ne sera pas mal non plus de décider, comme la plupart des Constitutions américaines, qu'aucun argent ne sortira du Trésor qu'en vertu d'un crédit ouvert par le corps législatif. Le budget est le moyen le plus sûr de maintenir l'administration dans le respect des lois.

— Et la séparation des pouvoirs, dira-t-on? — Sur ce

point, nous avons des idées fausses dont il serait bon de nous corriger. Montesquieu a enseigné avec raison que la réunion de tous les pouvoirs dans la même main n'est qu'un pur despotisme, mais il n'est pas vrai que les trois pouvoirs n'aient jamais d'attributions communes. Il suffit de regarder le gouvernement anglais, auquel Montesquieu a emprunté cette règle fameuse, pour se convaincre du contraire. La reine a une part de la législation par la sanction et le véto; le Parlement influe sur l'administration par le choix des ministres, les lords ont un pouvoir judiciaire; les juges font le droit par leurs précédents. Donner au Sénat un véto sur les principales nominations n'a donc rien d'excessif; un Parlement constitutionnel a une action plus directe sur la composition du cabinet et sur le personnel administratif.

Qui nommera le Président? En 1848, on reconnaissait qu'au peuple seul il appartient de choisir son premier magistrat. Je crois même me rappeler que le général Cavaignac, avec un désintéressement qui l'honore, refusa d'être nommé par l'Assemblée. Le choix d'un prétendant, le souvenir du coup d'État feront sans doute écarter ce mode d'élection. Par quoi le remplacer? Si le Président est nommé par les Assemblées, aura-t-il une indépendance suffisante? Quelle sera son autorité sur le pays qui ne l'aura pas choisi? S'il dure plus longtemps que la Chambre des Représentants, ne pourra-t-on pas dire que son pouvoir ne peut survivre à l'Assemblée qui l'a élu? Qu'arriverait-il en cas de dissolution? Les Américains avaient le sentiment de cette difficulté quand ils ont rédigé la Constitution fédérale. Ils avaient institué des électeurs présidentiels, choisis par les législatures locales. Le mandat impératif a complétement annulé cette précaution; c'est le peuple tout entier qui, de fait, nomme le Président des États-Unis. Dans les États particuliers, ce sont les électeurs ordinaires qui nomment le gouverneur. Pouvons-nous, sans danger, maintenir ce principe démocratique? Y a-t-il une solution intermédiaire? Encore un point difficile qui appelle l'attention du législateur.

Pour combien de temps le Président sera-t-il nommé? Cela dépend de la durée qu'on accordera à la Chambre des Représentants. Un Président qui arrive au pouvoir, en même temps qu'une Assemblée, vit d'ordinaire en bonne intelligence avec des représentants portés aux affaires par le même courant d'opinion; sa situation devient moins facile avec la seconde Assemblée; peut-être ne serait-il pas prudent d'aller plus loin. Ainsi l'ont pensé les Américains. La Chambre des Représentants est nommée pour deux ans, le Président pour quatre. Je crois qu'il serait avantageux de porter à trois ou quatre ans la durée de la législature chez un peuple qui n'a pas le goût des élections multipliées, mais je ne prolongerais pas la présidence au delà de la seconde Assemblée. Le Président serait donc nommé pour six ou huit ans.

Le Président sera-t-il rééligible? A première vue il semble qu'on n'ait pas le droit d'enchaîner le vote populaire. Si la nation est contente de son chef, en vertu de quel principe peut-on lui défendre de le nommer une seconde ou une troisième fois? Lui interdit-on de réélire les représentants? Peut-on oublier que la défense de réélire le Président a été la cause ou le prétexte du coup d'État de 1851?

D'un autre côté, l'exemple de l'Amérique est peu encourageant. Plusieurs fois l'opinion s'est prononcée contre

le droit de réélection; la Constitution du Sud avait porté
à six ans la durée de la présidence, mais avait interdit
une seconde nomination immédiate. Il faut reconnaître
que depuis quarante ans, dans ce pays où l'administration comparée à la nôtre est peu de chose, les Présidents
qui ont voulu se faire réélire ont singulièrement abusé de
leur influence pour enrôler les fonctionnaires au service
d'un intérêt tout personnel. On assure qu'en ce moment
les employés de l'État sont obligés de donner 10 0/0 de
leurs appointements afin de soutenir la candidature du
général Grant. Il est vrai que c'est leur position qu'ils
défendent; un nouveau Président les remplacera sans
pitié par ses créatures. Il y a là un danger qui menace
sérieusement la République américaine; mais que serait-
ce en France où nous avons des milliers de fonctionnaires?
La corruption de l'administration serait la ruine du pays.

Parlons maintenant du pouvoir judiciaire. Le mode de
nomination des magistrats ne fait pas nécessairement
partie d'une Constitution; on peut s'en remettre aux
lois ordinaires; mais il me sera permis de dire qu'en
Amérique, dans les États particuliers, l'élection des magistrats par les justiciables a donné les plus tristes résultats. Comme en France à la première Révolution, ces places ont été surtout disputées par des avocats sans cause
et des praticiens de bas étage. Je ne dirai rien des moyens
qu'on emploie pour les obtenir. On commence à revenir
de cette erreur. Déjà dans plusieurs États on a repris la
loi fédérale qui donne au pouvoir exécutif la nomination
des magistrats, sous le contrôle du Sénat. Mettre la justice en dehors et au-dessus des passions politiques, c'est
la première condition d'une démocratie qui sait que sa
seule force est dans le règne des lois.

Chez nous la magistrature est un des grands pouvoirs de l'État, en ce sens qu'en assurant l'exécution des lois elle maintient l'administration dans l'obéissance, mais comme elle est entièrement soumise au pouvoir législatif, elle n'a vraiment qu'une autorité subalterne. Il en serait autrement si une déclaration de droits mettait les libertés individuelles en dehors du domaine législatif, et décidait qu'aucune loi ne peut déroger à la Constitution. La magistrature deviendrait la gardienne de la liberté; elle obtiendrait bientôt la grande popularité qui entoure les juges anglais. D'un autre côté, le peuple s'attacherait à la Constitution et respecterait la loi qui la protége. On dit qu'en France nous méprisons les lois; n'est-ce point parce que la plupart du temps le législateur ne pense qu'à confisquer ou à réduire nos droits les plus sacrés?

Je n'entrerai point dans le détail des libertés qu'il serait bon de protéger constitutionnellement contre les passions législatives. Il me suffira d'en citer une seule pour démontrer l'importance de ces déclarations formelles qui aux États-Unis forcent les Assemblées elles-mêmes à s'incliner devant les droits des citoyens. Dans toute l'Europe, il y a en ce moment une croisade contre l'Église catholique. L'orage gronde en France et peut éclater au premier jour. Admettra-t-on qu'une Assemblée ait le droit d'interdire ou de gêner la liberté des cultes, de fermer les écoles chrétiennes, de troubler dans leur foi des millions de citoyens? Recommencera-t-on le schisme de la Constituante, les persécutions de la Convention? Je comprends que les représentants de la nation prononcent la séparation de l'Église et de l'État; il n'y a là qu'une question politique; je suis d'avis qu'on oblige le père à faire instruire son enfant, en lui laissant le choix de l'école; il y a là un intérêt social: mais, si l'on en croit des menaces peu dissimulées, ce n'est pas là qu'on veut s'en tenir; on n'attend qu'une occasion pour en finir avec une Église détestée et une religion qu'on dénonce comme l'ennemie de la civilisation. Il est nécessaire, il est urgent de ne pas livrer la conscience humaine aux hasards d'une élection. Il faut que la Constitution soit le rempart de la liberté religieuse; il faut que le magistrat ait la force de faire respecter la Constitution par le législateur. Là est l'utilité de ces déclarations américaines que nous avons si mal imitées. Elles nous permettront de fonder une République qui, loin d'effrayer personne, sera pour tous les droits et tous les intérêts un gage de sécurité.

NEUVIÈME LETTRE

Après avoir constaté, ce qui est visible à tous les yeux, que les partis monarchiques, divisés entre eux, ont échoué devant l'indifférence générale, j'ai dit, après beaucoup d'autres, qu'une seule chose nous restait a faire: consolider ce qui existe, et organiser le gouvernement avec le concours de l'homme d'État que la France a choisi pour son chef. Établir une république, constitutionnelle par ses institutions, conservatrice par son esprit, une république qui donne pleine sécurité en garantissant de façon énergique la liberté civile et religieuse, le travail, la propriété, telle doit être aujourd'hui l'œuvre des bons citoyens. L'entreprise est difficile, à cause de nos misérables divisions ; mais le problème n'est pas audessus des forces humaines : il a été résolu chez d'autres peuples, il le sera chez nous si nous avons assez de patriotisme pour ne songer qu'au pays.

J'ai essayé de montrer que la souveraineté du peuple, réduite au règlement des intérêts généraux, est une force politique qui n'a rien de révolutionnaire. Le malheur de la France a toujours été amené par l'usurpation des Assemblées, par la dictature des partis. J'ai dit qu'en Amérique on ne délègue jamais la souveraineté: le Prési-

dent et les Assemblées n'ont que des pouvoirs limités;
c'est de cette façon qu'on assure la bonne administration
des affaires, sans danger de révolution, sans péril pour la
liberté. Enfin j'ai esquissé à grands traits le rôle et les
attributions des différents pouvoirs de l'État; j'ai in-
diqué en quels points une république constitutionnelle
s'écartait de la monarchie parlementaire et en quels
points elle s'en rapprochait. En tout ceci je n'ai rien in-
nové; les essais sont dangereux en politique; j'ai dit
simplement ce que l'exemple des pays libres et l'expérience
des révolutions enseignent à tout homme qui veut étudier
de pareilles questions, sans parti pris et sans passion.

Est-il bon de soulever ces problèmes? Oui, si, comme
je le crois, la France ne peut rester plus longtemps dans
le provisoire. Au lendemain d'un naufrage, on est heureux d'avoir échappé à la mort; on ne voit pas plus loin;
mais, à mesure que le danger s'éloigne, les désirs re-
naissent, on songe à regagner le port. Nous en sommes
là. En nous tirant de l'abîme, M. Thiers nous a rendu
l'espérance; nous voulons reprendre notre vie politique
et respirer en paix sous un gouvernement régulier. Ce
gouvernement qui s'impose à nous comme le seul possible, c'est la république : essayons de la constituer.

Rien ne serait plus facile, si l'on en croyait une foule
de gens qui, divisés d'opinion, sont d'accord pour proclamer à haute voix qu'il n'y a qu'une république, la
république sans épithète. L'assertion m'étonne : autant
vaudrait dire qu'il n'y a qu'une forme de monarchie. Il
y a deux mille ans qu'Aristote comptait plus d'une cen-
taine de républiques; le nombre n'en a pas diminué depuis ce temps-là. Consultons notre histoire. En quatre-
vingts ans, nous avons eu la dictature jacobine de 1792,

la démocratie pure de la Constitution de 1793, qui, il est vrai, n'a existé que sur le papier; la République constitutionnelle de l'an III, qui aurait vécu peut-être si l'on n'avait fait la faute de remplacer l'unité de la présidence par une hydre à cinq têtes; la République consulaire de l'an VIII; la République de 1848, mauvaise copie de la Constitution de 1791, et enfin la République passagère de 1851, renouvelée de la Constitution de l'an VIII, et qui devait, elle aussi, servir de marchepied à l'empire. Sans parler de la monarchie républicaine de 1791, et de *la meilleure des Républiques* proclamée en 1830, voilà, de compte fait, six gouvernements républicains qui n'ont de commun que le nom. Quel est celui qu'on prendra pour modèle? N'avons-nous pas aujourd'hui des républicains socialistes, grands amis de la dictature, qui veulent modestement en finir avec le christianisme, le capital, et la liberté individuelle; des jacobins qui gardent religieusement la tradition de 1793, et des républicains modérés qui demandent à s'éloigner le moins possible du régime parlementaire, auquel la France est habituée depuis près de soixante ans? Entre ces différentes conceptions politiques il y a un abîme; il est donc nécessaire de savoir ce qu'on veut et de se prononcer nettement. Pour attaquer un pouvoir ennemi il suffit d'un même cri de guerre, mais on ne fonde pas un gouvernement sur une équivoque et un malentendu.

C'est pour aider l'opinion à faire ce pas décisif que j'ai publié ces lettres, sans me dissimuler qu'elles soulèveraient plus d'une objection, qu'elles m'attireraient des critiques et même quelque chose de plus. Les critiques, je les accepte, je les provoque; c'est aux journaux qu'il appartient de former l'esprit public et d'assurer le succès des institutions nouvelles en éclairant le pays sur leur mérite et leur nécessité. Mais je désirerais qu'en appréciant le système constitutionnel que je défends, on ne s'en tînt pas à une critique stérile, et qu'on voulût bien nous dire par quel régime on entend le remplacer. Toute œuvre humaine prête le flanc aux objections, un gouvernement plus que le reste, car c'est une transaction perpétuelle entre les idées et les intérêts, entre le passé et l'avenir. Un peuple est comme une armée en marche; il y a des enfants perdus qui courent à l'avant-garde, il y a le gros de l'armée, il y a ceux qui traînent à l'arrière et qui n'avancent qu'à contre-cœur. Plaire à tout le monde est une chimère; il faut satisfaire le plus grand nombre, sans manquer de justice ni d'équité pour personne. Tout gouvernement est donc nécessairement une œuvre imparfaite; il ne suffit pas d'en voir les défauts, il y en a toujours; il faut examiner si les institutions qu'on propose ne sont pas celles qui offrent le moins d'inconvénients. Si la république est la seule forme politique qu'il nous soit permis d'essayer, tâchons de donner à la France la Constitution républicaine qui convient le mieux à l'état des esprits et des choses; mais ne nous contentons pas de blâmer sans rien édifier. Si nous n'élevons pas un abri durable, nous serons bientôt ensevelis sous les décombres où nous campons depuis deux ans.

On m'a reproché de citer sans cesse l'exemple des États-Unis; on a dit d'un ton victorieux que les Français n'étaient pas des Américains. Je m'en doutais. On a ajouté que la Constitution d'un peuple ne convenait jamais à un autre peuple; il y a là une équivoque dont M. de Maistre a singulièrement abusé. Si par le mot de Constitution on entend désigner l'ensemble des institutions et des usages qui composent la vie d'un peuple, la chose est trop claire; je n'ai pas la prétention de changer la France; quand j'ai voulu que Paris fût américain, j'ai eu soin de le mettre en Amérique. Mais si l'on entend par Constitution la loi qui règle les rapports des pouvoirs publics, la question change d'aspect. Il ne faut pas une longue étude pour voir qu'aujourd'hui toutes les nations chrétiennes ont des institutions politiques qui se ressemblent beaucoup, qui ont, si j'ose le dire, un air de famille.

> *Facies non omnibus una,*
> *Nec diversa tamen, qualem decet esse sororum.*

D'où viennent ces institutions? De l'Angleterre qui, des coutumes du moyen âge, a tiré la liberté parlementaire. C'est de là qu'elles se sont répandues sur le continent, en se modifiant partout, suivant la diversité du génie national. De 1814 à 1848, que de fois n'a-t-on pas répété que les Français n'étaient pas des Anglais ! Cela a-t-il empêché la France de se relever, après les désastres de 1814 et de 1815, sous un gouvernement de libre discussion? Les Belges non plus ne sont pas des Anglais, les Suédois pas davantage; cependant ils prospèrent sous un régime qui leur a donné le gouvernement du pays par le pays.

Qu'est-ce maintenant que les institutions des États-Unis? Ce sont les coutumes anglaises adaptées à la démocratie. Les Constitutions américaines plongent dans la Constitution anglaise par toutes leurs racines. Aujourd'hui qu'il faut organiser la république, pouvons-nous prendre un meilleur modèle? N'y a-t-il pas là une expérience faite à notre profit? Il est très-beau de dire

que la France ne prend conseil de personne ; il serait plus
sage de se rappeler que ce dédain nous a toujours porté
malheur. Les Suisses, gens pratiques, ne se sont fait
aucun scrupule d'aller à l'école des États-Unis, quand ils
ont voulu réformer leur Constitution fédérale. Certes, ils
étaient républicains de date assez ancienne pour avoir
confiance en eux-mêmes, mais ils ont eu le bon sens de
ne pas se croire infaillibles ; cette modestie leur a porté
bonheur. La division du pouvoir législatif, empruntée de
la Constitution américaine, a donné à la Confédération
une solidité qui lui avait manqué jusque-là.

D'ailleurs, est-ce que je demande qu'on copie servile-
ment les États-Unis? Non, ce que je souhaite, c'est qu'on
s'inspire de la prudence qui a guidé les fondateurs de la
Constitution. Les Américains ont toujours repoussé la
dictature des partis. C'est pour l'éviter qu'ils ont rejeté
le système de l'Assemblée unique. Dans la Confédération,
dans les États particuliers, dans les grandes villes il y a
toujours deux Chambres : double délibération, double
résolution. Voilà ce que fait une démocratie qui veut se
mettre à l'abri de l'erreur ou de la passion de ses représentants. Est-ce là une mesure locale : vérité au delà de
l'Atlantique, mensonge en deçà? N'est-ce pas au contraire une institution fondée sur l'expérience et justifiée
par la raison? Par un moyen des plus simples, en faisant du pouvoir judiciaire le gardien de la Constitution,
les Américains ont résolu un problème que nos publicistes déclarent insoluble; ils ont limité la compétence
des Assemblées, et soustrait les libertés individuelles à
l'arbitraire du législateur. Est-ce là une idée purement
américaine? Ne peut-elle prendre racine sur cette terre
de France, où les Parlements ont été longtemps la seule

barrière qui empêchât la royauté de se perdre dans le despotisme? La souveraineté du peuple est un mot qui terrifie les conservateurs. Les excès de la Révolution l'ont rendu odieux. Mais nous n'avons jamais eu que des factions qui se cachaient derrière ce nom usurpé. Les Américains, en consultant sincèrement et en respectant la volonté nationale, ont fait de la souveraineté populaire le grand moyen de modérer les partis. C'est à la nation qu'on en appelle, c'est elle qu'on éclaire; c'est sa voix qui couvre celle des minorités. N'y a-t-il pas là des exemples et des leçons pour nous? Et par vanité nous laisserions échapper de pareils enseignements? Non; il est temps de comprendre que la sagesse est de tout pays, comme la vérité. Heureux les peuples qui ont le courage de l'écouter.

C'est une grande erreur, dit-on, que de croire qu'on régénérera un peuple avec une Constitution. Assurément; mais il y a longtemps que cette chimère ne séduit plus personne. Bentham a été le dernier qui ait offert à l'Espagne, au Portugal, à l'Amérique du Sud ce papier magique qui devait faire le bonheur du genre humain. La vie d'un peuple est chose complexe. Religion, idées, mœurs, traditions, usages, habitudes, lois, institutions, etc., sont les éléments variés qui donnent à chaque nation sa physionomie distincte et lui assignent un rôle particulier. Le gouvernement est un de ces éléments et non pas le moins considérable, car il représente l'ordre et la sécurité, conditions nécessaires de toute existence sociale. Nous en savons quelque chose, nous qui, depuis quatre-vingts ans, avons tant de fois souffert de l'anarchie qui suit les révolutions. Une Constitution a pour objet unique d'organiser le gouvernement; demandons-lui ce qu'elle peut nous procurer. Ce ne sera pas la solution de toutes nos difficultés, tant s'en faut; il faudra plus d'un jour pour enraciner la république; mais ce sera le moyen de faire paisiblement nos réformes, en consultant l'opinion, en écoutant la voix du pays.

On dit que nos mœurs ne sont pas républicaines, et que c'est folie d'établir la république chez un peuple sans vertu, qui n'a de goût que pour le luxe, les croix et les rubans. Je voudrais bien savoir si nos mœurs sont monarchiques. Le gouvernement monarchique suppose des prééminences, des rangs, une noblesse; il ne convient qu'à une société hiérarchique comme la société anglaise. Nous avons la passion de l'égalité, plus vive qu'en Suisse et en Amérique; nos institutions reposent sur le suffrage universel. Croit-on que le suffrage universel puisse s'accorder avec la royauté traditionnelle? Croit-on même qu'il puisse porter longtemps une royauté parlementaire, simple magistrature que rien n'entoure et que rien ne défend? Mais quoi! nous n'avons pas de vertu! c'en est assez pour condamner la république. Montesquieu l'a dit : la vertu est le principe de la démocratie; inclinons-nous devant cet arrêt sans appel.

De tous les lieux communs dont on abuse en politique, je n'en connais pas de plus répandu ni de plus faux que cette prétendue maxime de *l'Esprit des Lois*. J'étonnerai beaucoup de gens en affirmant que jamais Montesquieu n'a rien dit de pareil. Qu'ils aient la bonté d'ouvrir *l'Esprit des Lois*, à la première page, ils liront en toutes lettres l'avertissement qui suit : « Ce que j'appelle la *vertu* dans la république est l'amour de la patrie, c'est-à-dire l'amour de l'égalité. Ce n'est point une vertu morale, ni une vertu chrétienne, c'est la vertu *politique*, et celle-ci est le ressort qui fait mouvoir le gouvernement républicain, comme l'*honneur* est le ressort qui fait mouvoir la monarchie. J'ai donc appelé *vertu politique* l'amour de la patrie et de l'égalité..... Ceux qui n'ont pas compris ceci m'ont fait dire des choses absurdes et qui seraient révoltantes dans tous les pays du monde, parce que dans tous les pays du monde on veut de la morale. » Aimons-nous l'égalité? C'est notre faiblesse. Aimons-nous la patrie? Souffrons-nous de la perte de nos chères provinces? Avons-nous le désir de relever la France? Nous avons toute la vertu qu'exige Montesquieu. C'est à la loi militaire, c'est aux lois d'éducation, c'est à la république elle-même, c'est-à-dire à la pratique des institutions libres, qu'il appartient de nourrir cette flamme de patriotisme, notre seule consolation, notre seul espoir dans nos revers.

Quant au goût du luxe, maladie des sociétés industrielles, l'Amérique, qui prospère par la république, n'en est pas moins atteinte que nous. Mais l'habitude de la vie publique y donne souvent un meilleur emploi à la richesse. La vanité n'est pas non plus un mal particulier à la France; l'Amérique est le pays des colonels et des excellences; on s'y fait d'aussi belles généalogies et d'aussi belles armoiries que dans notre vieux pays. La vraie différence entre les Américains et nous, c'est qu'ils regardent les affaires publiques comme leurs propres affaires, et qu'ils s'en occupent virilement. C'est là qu'est leur supériorité; mais avec un peu d'énergie, avec le sentiment de la nécessité qui nous presse, nous pouvons bien nous élever jusque-là. En somme, il ne s'agit pas de vivre à la grecque ou à la romaine, mais simplement de nous habituer à la vie politique, au lieu d'abandonner le soin des intérêts généraux à l'administration ou à des minorités qui abusent de notre indolence. La république moderne n'est qu'une extension du gouvernement parlementaire; elle ne nous demande qu'un peu plus de courage et d'activité.

Restent quelques objections d'une portée moins générale.

L'idée de soumettre la prochaine Constitution à la sanction populaire a désagréablement surpris la plupart des journaux; nous sommes trop près du plébiscite de 1870 pour qu'il en pût être autrement. Je n'insisterai pas sur ce point, étant convaincu, à tort ou à raison, qu'un temps très-court montrera la nécessité de cette mesure démocratique. Je suis curieux de voir comment, dans un pays de suffrage universel, on s'y prendra pour imposer un gouvernement à la France sans lui demander son aveu. C'est là que j'attends mes contradicteurs.

Faire rédiger la Constitution par l'Assemblée actuelle est une proposition qui n'a pas été du goût de tout le monde. Elle a blessé des esprits ardents qui sentent avec une telle vivacité les ennuis de l'heure présente qu'ils ne voient pas les dangers de l'avenir. Il y a là plusieurs questions qu'il est bon d'examiner, car elles se présenteront prochainement.

L'Assemblée a-t-elle le droit de faire une Constitution? On le nie, mais par d'assez pauvres raisons. Ce serait la première fois qu'au lendemain d'une révolution on eût nommé une Assemblée en lui ordonnant de rester dans le provisoire, en lui interdisant d'établir un gouvernement. Cette interdiction prétendue, je ne la trouve nulle part. Je vois au contraire qu'à l'occasion de la loi Rivet, quand l'Assemblée s'est reconnue Constituante, le pays ne s'en est point ému. Sans vouloir trancher la question, je dirai que pour moi elle a peu d'intérêt si l'Assemblée soumet son œuvre à la ratification du suffrage universel. On ne refusera pas à la nation le pouvoir constituant. Si, au contraire, la Constitution n'est pas soumise à cette adoption solennelle, je crains fort qu'elle ne tombe, comme la Constitution de 1791, devant le mépris de la prochaine Assemblée. Il n'y a que le pays qui puisse lier le législateur.

L'Assemblée est-elle en état de rédiger une bonne Constitution? Je l'ignore. Si, comme en Amérique, on chargeait un comité spécial, une réunion peu nombreuse, de préparer un projet de Constitution, je préférerais ce comité à la Chambre. Je lui préférerais également la prochaine Assemblée si je ne connaissais notre histoire. Jamais Assemblée Constituante, ou Convention n'a paru en France sans attirer à soi tous les pouvoirs, sans abattre l'autorité exécutive, sans appeler sur le pays tous les maux de l'anarchie. Si, ce qui est à craindre, la prochaine Assemblée est composée de deux partis exclusifs, c'est la guerre civile en perspective. Dans l'hypothèse la plus favorable, c'est une année de discussions stériles, de querelles violentes ; c'est un arrêt dans le travail, c'est l'inquiétude et l'agitation universelle. La nouvelle Assemblée, dira-t-on, aura au moins un mandat incontesté. Quel mandat? celui de faire une république ? Y a-t-il commission plus vague? N'y a-t-il pas autant d'espèces de républiques que de partis? Sur quoi donc votera le pays? Sur une équivoque.

Le grand avantage de la situation présente, c'est qu'on a un gouvernement reconnu par la France, accepté par l'Assemblée. On a le concours d'un homme d'État qui

sera écouté par la nation. Les plus grosses questions
sont résolues ; il ne s'agit après tout que de constituer
deux Chambres, et de régulariser les rapports du Président et des Assemblées. Rien n'empêche donc de faire
rapidement une Constitution raisonnable. Il est vrai que
l'Assemblée est plus monarchique que républicaine, plus
conservatrice que révolutionnaire; il est probable qu'elle
s'éloignera peu du régime parlementaire. Est-ce un mal ?
Est-ce un bien ? Quand je songe à toutes les difficultés qui en-
tourent l'établissement de la république, il ne me déplaît
pas que la Constitution soit faite par des législateurs modérés et même craintifs ; j'y vois cet avantage que le nouveau
gouvernement n'effraierait personne et qu'il serait accepté
avec confiance par la très-grande majorité du pays. Qu'on
fasse ce premier pas avec prudence, il sera plus facile
d'introduire peu à peu la démocratie dans les institutions.

L'Assemblée n'est-elle pas trop divisée pour entrepren-
dre de rédiger une Constitution ? Ceci dépend de l'atti-
tude que prendront les monarchistes parlementaires. Si,
ne pouvant obtenir la royauté qu'ils désirent, ils s'as-
socient au centre gauche pour établir la liberté politique,
il est à croire qu'on réussira, malgré les oppositions
extrêmes. On peut même espérer qu'on viendra à bout
des scrupules de la gauche modérée, scrupules qui
n'auraient plus de raison d'être si la Constitution était
soumise à la sanction populaire. Mais si les partisans
de la monarchie parlementaire persistent dans leur dé-
fiance, s'ils votent avec l'extrême droite et l'extrême
gauche pour maintenir le pays dans le provisoire, il se
peut que tout essai de Constitution échoue devant cette
coalition de partis mutuellement ennemis. C'est une

lourde responsabilité que prendront ceux qui feront avorter la république conservatrice; l'impuissance de l'Assemblée livrera la France impatiente aux républicains de la nuance la plus foncée, les seuls qui promettront à la nation de lui donner le gouvernement qu'elle désire. La dissolution de l'Assemblée sera bientôt le vœu d'un pays qui supporte tout plutôt que l'incertitude. Ce qui sortira de cette dissolution, personne ne le sait; mais il est permis de croire que ce n'est pas la modération qui l'emportera dans des élections si malheureusement engagées. Pour tout bon citoyen il y a là matière aux plus sérieuses réflexions.

Vient enfin une dernière objection, souvent répétée par certains journaux, et qui donne une singulière idée de notre esprit politique. — Voyez, dit-on, quels sont ceux qui soutiennent aujourd'hui la république conservatrice; ce sont pour la plupart d'anciens parlementaires ou des hommes qui se ralliaient à l'empire libéral. — Sur quoi on se voile la tête, en s'étonnant de ces conversions suspectes. Selon moi, il n'y a aucune conversion, et ce qui m'étonne le plus chez nos adversaires, c'est leur étonnement.

Il y a en France des monarchistes du droit divin, et des républicains qui mettent la république au-dessus du suffrage universel, ce qui me paraît une conception non moins mystique que celle de la légitimité. « Hors de la « monarchie traditionnelle, disent les uns, hors de la « république, disent les autres, point de salut. Quiconque « n'est pas de notre Église est un infidèle, quiconque en « sort est un traître. » Ce sont là des doctrines soutenues avec bonne foi, par des gens respectables; mais elles ne supportent pas l'examen. La France n'a pas l'esprit sectaire ; elle n'a jamais fait de la politique une religion. Ce que les Français ont toujours voulu, ce qu'ils ont toujours demandé depuis quatre-vingts ans, c'est l'ordre et la liberté. Tout gouvernement qui garantit ces biens précieux est un bon gouvernement, quel qu'en soit le nom ; il n'y a pas d'autre légitimité que celle-là. « Messieurs, disait en 1831 à ses électeurs l'austère Royer-Collard, un nouveau gouvernement s'est élevé, adopté par la France, reconnu par l'Europe ; il a pour lui le plus puissant des titres, il est nécessaire. Par là sont marqués les devoirs de tous. Nous sommes appelés à consolider, à revêtir de la force nationale ce gouvernement faible encore, notre dernière digue contre l'anarchie et le despotisme. Tout le reste est en quelque sorte secondaire. Les dynasties passent, les gouvernements changent de principes et de formes, les opinions contraires prévalent et succombent tour à tour. Au-dessus de ces vissicitudes règne la question permanente, la question souveraine de l'ordre et du désordre, du bien et du mal, de la liberté ou de la servitude. C'est là, Messieurs, qu'il faut prendre parti avec fermeté[1]. » Voilà le langage de la vérité et du bon sens. Que les amis d'un prince l'accompagnent dans l'exil, c'est un noble exemple de fidélité ; qu'un ministre, en voyant tomber le gouvernement qu'il a servi, s'éloigne des Assemblées où sa position sera toujours fausse, je le comprends et je l'approuve : mais le citoyen, mais le député qui, sous l'empire, a réclamé la liberté, n'a rien perdu de son droit sous la république ; il est tout naturel qu'il demande aux institutions nouvelles la garantie qu'il demandait aux an-

---

1. *Vie politique de Royer-Collard*, par M. de Barante, tome II, p. 452.

ciennes. C'est le gouvernement qui a changé, non pas lui.

On nous signifie qu'on n'a pas confiance dans les néophytes. La réponse est trop simple. Il est une Église où nous ne mettrons jamais les pieds : c'est l'Église des Jacobins. Depuis vingt-cinq ans nous la combattons; depuis vingt-cinq ans nous répétons que l'idolâtrie de la Révolution est la perte de la France. Mais nous n'avons pas défendu la liberté durant un quart de siècle pour l'abandonner à des hommes qui n'ont d'autre idéal que la dictature. Nous voulons établir une république accessible à tous les citoyens, protectrice de tous les droits, et qui, par cela même, soit, comme le nom l'indique, la chose de tout le monde. Nous voulons que la religion, la science, les lettres, le travail, la propriété, le capital se trouvent mieux garantis par des institutions républicaines qu'ils ne l'ont jamais été dans une monarchie. Qu'une Constitution nous assure ces droits individuels, qui sont la condition, la raison d'être de tout gouvernement, le reste nous inquiète peu. La France choisira pour députés de plus jeunes ou de plus habiles, il n'importe; ce n'est pas le pouvoir que nous demandons, c'est la liberté; elle est à nous, c'est notre droit, en république comme en monarchie. Sommes-nous des vaincus pour qu'on dispose de nous, chez nous et sans nous?

Cette façon de considérer la république, comme toute autre forme de gouvernement, ne plaît pas aux enthousiastes. Il serait puéril de s'en plaindre. En politique comme en religion, la modération a toujours été regardée comme un crime par ceux qui n'écoutent que leur passion. Au seizième siècle, Montaigne, qui trouvait dur de tuer les gens pour une différence d'opinion, était aussi mal vu des protestants que des catholiques. « J'encourus, dit-il, les inconvénients que la modération apporte en telles maladies ; je fus pelaudé de toutes mains. Au Gibelin, j'étais Guelfe, au Guelfe Gibelin [1]. » On ne traitait pas mieux ceux qu'on appelait dédaigneusement les *politiques*, c'est-à-dire les l'Hôpital, les Achille de Harlay, les Pithou, les Pasquier, les Loisel qui ne voulaient pas jouer le jeu de l'étranger en déchirant la France par de vaines querelles. On dénonçait comme des âmes tièdes, comme de mauvais citoyens, ces gens qui n'avaient qu'une ambition : apaiser les esprits, rapprocher les cœurs, enrôler tous les partis au service commun de la patrie, pour rendre à notre malheureux pays l'influence et le rang qui lui appartiennent quand il est uni. Cependant, malgré le bruit, les séditions et les batailles, l'opinion finit par écouter ces hommes qu'on lui dénonçait comme des traîtres, et la France fut sauvée.

Il en sera de même aujourd'hui si le pays ne s'abandonne pas lui-même. Un grand parti national se forme sous l'habile et patriotique direction du Président de la République ; il faut s'y rallier. Le salut est là. Surtout qu'on ne cède pas à ce scepticisme, à cet esprit de dénigrement qui cache beaucoup d'égoïsme et un peu de lâcheté. On répète que la France est perdue, que la république rouge triomphera, mais qu'elle ramènera l'étranger et l'empire. Et en face de cet avenir on s'enveloppe philosophiquement dans son manteau ; on ne va pas même aux élections. Oui, tout cela peut arriver, si l'on se laisse terrifier par de vains fantômes ; non, rien de cela n'aura

---

1. *Essais*, liv. III, chap. 12.

lieu si nous avons du cœur et si nous agissons. Il y va de notre existence nationale, de notre honneur, de ce bien-être même auquel on sacrifie trop souvent des biens plus précieux. Et que faut-il pour réussir? Un peu d'énergie. La France est un pays essentiellement modéré; elle a besoin qu'on lui montre la voie où on l'engage; parlez-lui franchement, donnez-lui les institutions qu'elle réclame, et bientôt la modération sera le cri de toute la nation.

L'instant est décisif. Nous n'avons plus de fautes à commettre. Chargés d'impôts, écrasés par une lourde dette, nous n'avons d'autre ressource que la paix et le travail. Une nouvelle révolution livrerait la France à l'étranger, et en ferait une seconde Pologne; malheur à qui, par son imprudence, provoquerait la ruine de la patrie! Mais une république sage, un gouvernement populaire appuyé sur la justice, un régime démocratique où tous les droits seront garantis, peuvent nous relever rapidement et nous rendre la situation que nous avons perdue. Nous manquons à l'Europe, où l'équilibre est détruit, nous manquons à la civilisation, qui souffre de notre impuissance. Puisse la république, ouverte à tous les citoyens, aimée de tous ses enfants, être bientôt un objet d'envie et de crainte pour ceux qui se sont flattés de sceller dans le même tombeau la France et la liberté.

PROJET

DE

CONSTITUTION

---

1. La République française est une et indivisible.

2. La souveraineté réside dans l'universalité des citoyens français; elle est inaliénable et imprescriptible. Aucune fraction du peuple, aucune Assemblée, aucun individu ne peuvent s'en attribuer l'exercice.

3. Tous les pouvoirs publics émanent de la Nation.

TITRE PREMIER. — *Pouvoir législatif.*

4. Tous les pouvoirs législatifs accordés par la présente constitution seront confiés à un Corps législatif qui sera composé d'un Sénat et d'une Chambre des Représentants.

5. L'élection des Représentants a pour base la population. Il y a un Représentant par . . . . mille habitants.

6. Tous les dix ans le Corps législatif, d'après les états de population qui lui seront fournis, détermine le nombre des représentants auxquels chaque département a droit. Aucun changement ne peut être fait à cette répartition durant cet intervalle.

7. Le suffrage est direct.

8. Le scrutin est secret.

9. La Chambre des Représentants est élue pour trois ans.

10. Le Sénat est composé de . . . . membres, élus par les départements. L'agriculture, l'industrie, le commerce, l'armée, la magistrature, les sciences et les arts nomment en outre . . . . sénateurs.

11. La loi à intervenir fera entre ces diverses branches de l'activité sociale la répartition des sénateurs à nommer et déterminera le mode et les conditions de l'élection.

12. Nul ne pourra être nommé sénateur par un département si, au moment de l'élection, il n'a pas son domicile ou sa résidence dans le département par lequel il a été choisi[1].

13. Le Sénat est élu pour neuf ans; il se renouvelle par tiers tous les trois ans.

14. Le Corps législatif est permanent; néanmoins les deux Chambres peuvent s'ajourner, d'un consentement mutuel, à un terme qu'elles fixent elles-mêmes; mais il doit y avoir une session au moins chaque année.

15. Les membres du Corps législatif ne peuvent recevoir de mandat impératif.

16. Ils sont inviolables. Ils ne pourront être recherchés, ni accusés, ni jugés, en aucun temps, pour les opinions qu'ils ont émises au sein de l'Assemblée.

17. Ils ne peuvent être poursuivis ni arrêtés en matière criminelle, sauf le cas de flagrant délit, qu'après que l'Assemblée à laquelle ils appartiennent a permis la poursuite.

18. La loi électorale déterminera quelles sont les fonctions publiques qui sont compatibles avec le mandat législatif.

19. Les séances des deux Assemblées sont publiques; néanmoins chacune d'elles peut se former en Comité secret sur la demande d'un certain nombre de ses membres fixé par le règlement.

20. L'initiative appartient à chacune des deux Chambres. Néanmoins toute loi d'impôt devra être portée en premier lieu à la Chambre des Représentants, mais le Sénat pourra y proposer ou y voter des amendements comme aux autres lois.

21. Tout projet voté par la Chambre des Représentants et par le Sénat sera, avant de devenir loi, présenté au Président. S'il l'approuve, il y apposera sa signature. Sinon il le renverra avec ses objections à la Chambre où il aura été proposé. Celle-ci

---

1. Aux États-Unis on attache une extrême importance à cette condition, qui ne concerne pas seulement les sénateurs. Dans les États particuliers, pour être éligible à l'Assemblée des représentants ou au Sénat, il faut habiter le district, c'est-à-dire l'arrondissement électoral où l'on brigue la députation. On veut éviter ces élections exclusivement politiques qui donnent à l'arrondissement de représentants qui sont étrangers à ses besoins et à ses intérêts.

discutera de nouveau le projet. Si une majorité des deux tiers se prononce en sa faveur, le projet, accompagné des objections du Président, sera renvoyé à l'autre Chambre qui le discutera également. Si la même majorité l'approuve, il deviendra loi; mais en pareil cas le vote aura lieu au scrutin public, et le nom des votants sera publié par le *Journal officiel*.

22. Si dans les dix jours, dimanches non compris, le Président ne renvoie pas le projet qui lui aura été présenté, ce projet aura force de loi, comme s'il l'avait signé.

23. Quand une vacance survient dans la Chambre des Représentants ou dans le Sénat par suite de la mort ou de la démission d'un de ses membres, le Président de l'Assemblée transmet au Chef du pouvoir exécutif l'ordre de convoquer les électeurs pour remplir la place vacante.

24. La Chambre des Représentants exerce seule le droit de mise en accusation pour cause politique; le Sénat seul a le pouvoir de juger ces accusations; mais il ne peut prononcer de condamnation qu'à la majorité des deux tiers des membres présents, et ne peut infliger que des peines politiques, c'est-à-dire la destitution et l'incapacité d'occuper des fonctions publiques. Les crimes de droit commun appartiennent au jury.

TITRE II. — *Du pouvoir exécutif.*

25. Le Président est investi du pouvoir exécutif.

26. Pour être nommé Président, il faut être Français de naissance, et âgé de trente ans au moins.

27. Le Président est nommé par[1] . . . .

28. Le Président est élu pour six années; il est rééligible[2].

29. Il dispose de la force armée sans pouvoir jamais la commander en personne.

30. Le Président communique par message avec le Corps législatif. Il a le droit de lui recommander toutes les mesures qu'il croit nécessaires et convenables.

31. Il peut toujours convoquer le Corps législatif.

32. Il ne peut ni dissoudre le Corps législatif[3], ni suspendre en aucune manière le règne de la Constitution et des lois.

---

1. V. *Sup.*, 8ᵉ *lettre*. Je n'ose pas trancher une si grosse question.
2. V. néanmoins ce que j'ai dit. *Sup.*, 8ᵉ *lettre*.
3. Si l'on veut conserver le régime parlementaire tel que nous l'avons connu

33. Le Président représente la Nation pour les puissances étrangères. Il reçoit les ambassadeurs et envoyés accrédités auprès de la République. Il entretient les relations politiques au dehors, conduit les négociations, fait des stipulations préliminaires; mais aucun traité n'est définitif qu'après avoir été ratifié par le Corps législatif.

34. Il a droit de faire grâce, excepté en cas de condamnation politique prononcée par le Sénat sur une accusation portée par la Chambre des Représentants.

35. Il promulgue les lois au nom du peuple français.

36. Le Président réside au siége du gouvernement. Il est logé aux frais de l'État, et reçoit un traitement fixé par le Corps législatif avant l'élection, et qui ne peut être moindre de 600 000 francs.

37. Le Président nomme, de l'avis et du consentement du Sénat, les ministres, ambassadeurs, ministres plénipotentiaires, consuls, juges de la Cour de cassation, conseillers d'État, directeurs généraux des ministères et autres fonctionnaires désignés par des lois spéciales.

38. Il a le droit de les révoquer sans demander l'avis du Sénat.

39. Le Président a le droit de nommer, de révoquer et de suspendre conformément aux lois les autres fonctionnaires publics et les différents agents du pouvoir exécutif élus par les citoyens.

40. Le Président, les agents et dépositaires de l'autorité publique sont responsables criminellement et civilement, chacun en ce qui le concerne, de tous les actes du gouvernement et de l'administration.

41. Aucune loi ne peut soustraire à la responsabilité civile le fonctionnaire ou l'agent coupable d'avoir violé la loi.

42. Les ministres ont entrée dans le sein de l'Assemblée; ils sont entendus chaque fois que le Président le demande, ou que l'Assemblée le désire.

43. Il y a un Vice-Président, nommé de la même façon et pour

sous la monarchie, si l'on espère concilier la responsabilité des ministres avec celle du Président, ce qui semble difficile, il faut permettre au Chef du pouvoir exécutif de dissoudre l'Assemblée des représentants, avec ou sans le consentement du Sénat; il faut de plus remplacer les articles 37-39 par une disposition qui décide que les actes du Président, autres que ceux par lesquels il nomme et révoque des ministres, n'ont d'effet que s'ils sont contre-signés par le ministre ou les ministres responsables.

la même durée que le Président. Il reçoit un traitement de. . . .

44. Le Vice-Président préside le Sénat.

45. En cas de destitution ou de mort du Président, le Vice-Président le remplace pour toute la durée du terme qui reste à courir.

TITRE III. — *Du pouvoir judiciaire.*

46. La justice est rendue au nom du peuple français. Elle est gratuite.

47. La Constitution est la loi suprême de la République. Aucune loi ne peut y déroger. En cas de conflit entre la Constitution et une loi antérieure ou postérieure, c'est la Constitution que le juge doit appliquer.

TITRE IV. — *Déclaration de droits.*

48. Le Corps législatif ne peut établir une religion d'État, ni défendre le libre exercice d'un culte, soit au dedans soit au dehors du temple. C'est aux tribunaux seuls qu'il appartient de réprimer tout acte contraire à la morale ou à l'ordre public.

49. La peine de mort est abolie en matière politique.

50. La confiscation ne pourra jamais être rétablie.

51. L'esclavage ne peut exister sur aucune terre française.

52. Il ne sera conféré aucun titre de noblesse ni aucune distinction héréditaire.

53. La presse ne pourra en aucun cas être soumise à des mesures préventives.

54. Tous les citoyens ont la liberté de faire imprimer leurs opinions sous les conditions établies par la loi pour assurer la responsabilité judiciaire des délinquants.

55. La connaissance des délits commis par la voie de la presse ou par tout autre moyen de publication appartient au jury, à l'exception de la diffamation ou autres délits commis contre de simples particuliers.

56. Le jury statue seul sur les dommages-intérêts réclamés pour faits et délits de presse portés devant lui.

57. Tous les délits politiques sont de la compétence du jury.

58. Le droit d'association ne sera soumis à aucune mesure préventive.

59. Le droit de réunion, en matière non politique, ne doit pas être soumis à l'autorisation préalable. La loi réglera ce qui concerne les réunions politiques et les assemblées en plein air.

60. L'enseignement est libre ; toute mesure préventive est interdite ; la répression des délits n'est réglée que par la loi.

61. La demeure de chaque citoyen est un asile inviolable. Il n'est permis d'y pénétrer que selon les formes et dans les cas déterminés par la loi. Tout agent de la force publique, quel que soit son grade ou son rang, est personnellement responsable d'une arrestation illégale.

62. Nul ne peut être arrêté ou détenu que suivant les prescriptions de la loi. Une loi réglera la procédure d'*habeas corpus*, et la rendra accessible à tout citoyen.

63. Nul ne peut être distrait de ses juges naturels. Il ne pourra être créé de commissions et de tribunaux extraordinaires à quelque titre, et sous quelque nom que ce soit. Néanmoins, en cas de rébellion à main armée ou d'invasion, l'état de siége pourra être déclaré, et des conseils de guerre pourront être établis.

64. La propriété étant un droit inviolable et sacré, nul ne peut en être privé, si ce n'est lorsque l'intérêt public, légalement constaté, l'exige, et sous condition d'une indemnité préalable fixée par un jury spécial.

65. Aucun impôt ne peut être perçu qu'en vertu d'une loi.

66. Aucune somme ne doit sortir du Trésor qu'en vertu d'une allocation légale.

67. Les pouvoirs qui ne sont pas expressément délégués au Corps législatif, au Président, ou aux tribunaux par la présente Constitution, sont réservés à la Nation[1].

TITRE V. — *De la révision de la Constitution.*

68. La Nation a toujours le droit de modifier ou de changer la Constitution[2].

1. La Constitution de Pensylvanie dit plus clairement peut-être : « Pour éviter l'usurpation que pourraient commettre les grands pouvoirs que nous avons constitués, nous déclarons que toutes les dispositions contenues dans ce chapitre ne sont pas comprises dans les pouvoirs généraux que nous avons délégués au gouvernement, et qu'elles doivent rester à jamais inviolables.

2. Constitution de Pensylvanie : « Tout pouvoir est inhérent à la Nation ; tout libre gouvernement est fondé sur l'autorité de la Nation, et est institué pour la paix, la sécurité et le bonheur du peuple. La Nation a donc en tout temps le

69. Le Corps législatif, à la simple majorité de chacune des deux Chambres, a toujours le droit de soumettre au vote populaire une modification de la Constitution, ou d'appeler le peuple à nommer une assemblée de révision.

70. Sur la demande des deux tiers des conseils généraux, le Corps législatif sera tenu de convoquer une assemblée de révision [1].

71. L'assemblée de révision n'aura aucun pouvoir législatif. Elle ne devra s'occuper que de modifier la Constitution, ou d'en préparer une nouvelle.

72. Les pouvoirs publics continueront de fonctionner pendant et après la réunion de l'assemblée de révision.

TITRE VI. — *De l'adoption de la Constitution.*

73. La présente Constitution sera présentée à l'acceptation des citoyens qui seront appelés à voter au scrutin secret sur son adoption ou son rejet.

74. Tout changement de la Constitution sera soumis aux mêmes formalités.

droit inaliénable et indestructible de changer, de réformer, ou de supprimer son gouvernement, suivant le mode qu'elle juge convenable.

1. Il est nécessaire de donner au pays un moyen de vaincre l'inertie ou le mauvais vouloir du Corps législatif.

PARIS. — TYPOGRAPHIE LAHURE
Rue de Fleurus, 9

9 782019 129569